페미니즘
앞에 선
그대에게

7 Questions about Feminism in the 21st Century
By Namsoon Kang

Published by Hangilsa Publishing Co., Ltd., Korea, 2020

페미니즘 앞에 선 그대에게

21세기 페미니즘에 대한 7가지 질문

강남순 지음

한길사

페미니즘 앞에 선 그대에게

프롤로그

'페미니즘'이라는 이름의 초청장

우리가 몸담고 살아가고 있는 세계는 어떤 곳인가. 그 세계를 '나'는 어떠한 곳으로 경험하는가. 한 사람이 지닌 다양한 구성요소들, 다시 말해 개별인의 성격, 가치관, 지향성, 배경 등에 의해서 사람들은 저마다 각기 다른 경험을 하게 된다. 동일한 시대와 사회에서 산다고 해도 그 사회의 제도들, 사회문화적 가치관, 직업 환경, 사회정치적 정황에 따라서 어떤 이에게 한국은 '헬hell조선'같이 끔찍한 세계이기도 하고, 어떤 이들에게는 다양한 특권을 누리며 행복하게 살아갈 수 있는 '헤븐heaven조선'이기도 하다.

바닷속에 사는 물고기와 푸른 하늘을 날아가며 사는 새의 세계는 동일한 세계에 산다고 해도, 그 경험은 매우 다르다. 동일한 한국인이라도, 그 사람의 젠더·계층·장애 여부 등에 따라서 개인들이 느끼는 차별과 배제 또는 자유와 평등의 경험은 천차만별이다. 분명한 것은 개별인으로서의 '나'는 한 사회의 가치관이나 제도로부터 분리되어 살아갈 수 없다는 것이다.

그러므로 내가 누리고자 하는 '자유'는, 나와 함께 살아가는 타자들이 지닌 가치관과 의식, 그리고 한 사회에서 제도화되고 실천되는 '평등의 정도'에 따라 그 자유가 침해받기도 하고, 보장받기도 한다. 개인과 사회의 분리불가의 관계란, 인간이 추구하는 자유와 평등의 문제를 개인적인 것으로만 생각하는 것을 불가능하게 한다. 페미니즘이 "개인적인 것은 정치적인 것이다"라는 모토를 중요하게 생각하는 이유다.

이 모토는 '젠더'라는 렌즈를 출발점으로 하여 이 세계를 들여다보는 페미니즘에만 적용되는 것은 아니다. 인종·장애·나이·계층·학력·종교·국적 등 다양한 렌즈들을 가지고 이 세계를 들여다보면, "개인적인 것은 정치적"이라는 현실을 보다 분명히 확인하게 되기 때문이다. 다양한 렌즈로 이 세계를 조명해보면, 어떤 특정한 집단에 대한 편견·차별·배제·억압의 문제는 이 살아감의 가장 중요한 인류의 보편가치이며 민주주의 정신의 탄생을 하게 한 '자유'와 '평등'을 제어하고 가로막는 장애물로 자리 잡고 있다는 것을 알게 된다.

최근 한국 사회에 신조어가 등장했다. '4B'라는 신조어인데 영어 알파벳인 'B'와는 상관이 없고, 한국어를 소리 나는 대로 하여 영어의 '비'B를 사용한 용어다. '4B'는 '비非연애' '비非성관계' '비非혼' 그리고 '비非출산'을 의미한다. '4B 운동'은 여자로 태어난 사람들에게 전통적으로 당연하게 기대되는 것들에 대해 '못 하는 것'이 아니라, '안 하는 것'이라고 선언하는 것이다. '4B운동' 은 남성중심주의적 가부장제적 가치에 기반해 구성한 '여자의 역 할과 의무' 즉, 남자를 만나서 연애하고, 결혼하고, 출산하는 여자 의 의무와 역할이 마치 '자연스러운 것'이라는 가치를 탈자연화 하면서, 여자이기 이전에 한 인간으로서의 자유로운 삶을 살겠다 는 선언이다.

가부장제는 한 여성이 지닌 다양한 개별성을 무시하고, '모 든 여자'는 '어쨌든' 결혼을 전제로 한 연애, 성관계, 결혼, 그리고 출산을 해야 하며, 이러한 과정 이후 이어지는 양육, 가사노동, 그 리고 다양한 방식으로 요구되는 돌봄노동의 전담자로서 일생을 살아가야 한다는 것을 거역하면 안 되는 '자연의 순리'로 강조해 왔다.

'경단녀'경력단절녀라는 개념의 등장 역시 바로 이러한 '4B' 현 상이 확산되는 것과 깊은 관계가 있다. 한국 정부는 저출산에 대 한 여러 가지 대안정책을 내놓았지만, 이러한 4B 현상의 확산에 아무런 영향을 미치지 못하고 있다. 남성중심주의적인 제도와 가 치관이 여성들의 삶을 위축시키고, 왜곡시키고 있다는 근원적인 문제에 대한 인식 없이 표면적인 대안만 내놓는 것은 그 어떤 변 화도 일으킬 수 없다.

개별인들이 지닌 특성이나 성격의 차이가 있음에도 불구하 고, '생물학적 여자'로 태어난 사람들은 '사회문화적 여성'이 되어 살아가야 한다. '생물학적 남자'로 태어난 사람들 역시 '사회문화적 남성'으로 살아가야 한다. 고정된 틀 속에 자신을 넣어야 주류 속에 들어가 '편한' 삶을 살게 되기도 한다. 고정된 틀이 주는 부자유와 억압의 경험은 단지 개인의 영역에 머무는 것이 아니라, 그 개인이 관계하는 모든 것들에 연계되어 있다. 부자유와 불평등의 삶 너머, 자유와 평등의 삶을 갈망하는 이들은 이미 페미니즘 문 앞에 서 있는 이들이다.

21세기가 되어서 많은 것들이 변화되었다고 하나, 여전히 직업이 무엇이든 '여자-남자'의 문제로 시작되는 성차별의 문제를 외면하고 살아가기 힘들다. 성차별이 일상화된 사회에서 여성만이 온전한 인간으로의 자유와 평등이 위축되는 것은 아니다. 남성도 결국은 성차별에 의하여 한 인간으로서의 온전한 삶을 살지 못하게 된다.

성차별은 여성됨과 남성됨의 역할과 기대를 고정하고 절대화함으로써, 여성과 남성은 각기 다른 방식으로 왜곡된 삶을 살 수밖에 없다. 자유와 평등의 삶에 대한 갈망을 지닌 이들은, 어떠한 방식으로든 '여성의 인간됨'의 선언으로 시작하는 '페미니즘'이라는 거대한 문을 마주할 수밖에 없다는 것이다. 『페미니즘 앞에 선 그대에게』는 이렇게 다양한 방식으로 페미니즘이 제기하는 문제들과 마주하는 무수한 '그대들'을 향해 건네는 나의 언어다.

나는 오래전에 페미니즘을 만나서 공부하고, 또한 오랜 시간 동안 페미니즘에 대해 강의하고, 글 쓰고, 무수히 많은 강연을 해왔다. 그러나 여전히 나는 페미니즘 '앞에 선' 사람으로 살아간다. 페미니즘의 세부 분야를 공부하면 할수록, 나는 그 누구도 '전문가'라는 이름으로 페미니즘을 통달할 수 없다는 것을 확인하게 된다. 알아야 할 문제들이 쏟아져 나오기 때문이다. 그래서 '이제는 됐다'라는 지점에 도달하는 것은 불가능하다. 언제나 '더'more 알고 이해해야 할 분야가 바로 페미니즘이다. 페미니즘은 인류가 종속하는 한 지속적으로 복합화되고, 세밀화되고, 변혁이 필요한 매우 복합적인 운동이며 이론이기 때문이다.

'페미니즘'은 거대하고 복잡한 도시로 들어가는 입구와 같다. 페미니즘은 한 번 들여다보면 단순하게 즉각적으로 파악하고 알 수 있는 작은 방 하나가 아니다. '페미니즘'이라는 문을 열고 들어서면, 페미니즘은 인간 삶의 거의 모든 측면과 맞닿아 있다. 그래서 마치 무수한 미로들로 구성된 거대한 도시로 들어가는 것처럼, 페미니즘이라는 세계 '전체'를 한눈에 파악하는 것은 거의 불가능한 것이기도 하다.

21세기 현대 사회에서 이제 페미니즘이 맞닿아 있지 않은 영역은 없다. 페미니즘은 인간사의 모든 결을 다루는 운동이며 이론이기 때문이다. 정치·경제·종교·예술·미디어·교육·인문과학·자연과학·스포츠·의학·문화 등 우리 삶과 연관된 그 어떤 분야도 페미니즘의 주제들과 연결되지 않은 것이 없다. 생물학적 성에 근거한 차별들의 복합성과 거대한 억압과 배제의 구조를 인식하면서 페미니즘 '앞에 선' 사람들은 많은 경우 좌절하게 된다. 또한 이러한 문제들을 외면하고 싶어 하기도 한다. 그러나 동시에 페미니즘 앞에서 비로소 진정한 해방감을 느끼면서 자유를 경험하기도 한다. 이 책은 자유와 평등세계에 대한 갈망을 품고 있을 무수한 그대들에게 보내는 '페미니즘'이라는 풍성한 세계로의 초청장이다. 나 또한 그 세계로의 초청장을 여전히 품고서 있다.

'사유 · 발화 · 판단 · 행동 주체로서의 나'의 탄생

우리는 사람과 우연한 기회에 만나게 되는 '조우'encounter를 하고, 역사적 사건이나 사상들과도 '조우'한다. '조우'란 기계적인 만남보다 훨씬 깊은 의미의 만남을 말한다. 내가 호명하는 '조우'란 한 사람의 삶에 어떤 뚜렷한 자취를 남기면서 그 삶에 깊은 의미로 자리 잡게 되는 만남이다. 아무리 주변에서 '매일 일정 시간 이상을 걷는 것이 좋다'고 이야기한다고 해도 곧바로 걷기 운동을 결심하지는 않는다. 돌연히 건강이 악화되었다든지, 디스크에 문제가 생겼다든지 등의 다양한 계기로 본인의 마음속에 '아, 이제 걸어야겠구나, 걷는 것이야말로 내가 건강한 몸을 지켜낼 수 있는 최선의 방법'이라는 자각과 결단이 생겼을 때, 비로소 '걷기와의 조우'가 시작된다.

'페미니즘과의 조우' 역시 마찬가지다. 아무리 주변에서 페미니즘이 중요하다, 공부해야 한다고 해서 자동으로 그러한 물결에 휩쓸려서 '조우'가 시작되는 것이 아니다. 마음속 깊은 곳에서 페미니즘에 대해서 알고 싶다는 호기심이나 필요성을 느낄 때, 페미니즘에 대한 관심의 촉을 세우기 시작하면서 '페미니즘과의 조우'가 가능하게 된다.

생물학적으로 여자라고 해서 자동으로 페미니즘에 대한 관심이 생기는 것도 아니다. 우리 각자의 삶에는 페미니즘과 조우하게 되는 다양한 계기가 있다. 페미니즘만이 아니라, 여타의 이론과 사상에 대한 호기심, 그것들을 알고자 하는 열정의 불꽃이 아주 작게라도 움트기 시작할 때 비로소 조우의 가능성의 씨앗은 그 뿌리를 내리게 된다.

어떤 종류의 조우든, 그 조우에 가장 우선적인 조건은 '호기심'이다. 알고자 하는 호기심이 지속되고, 점점 강렬해지면서 '페미니즘' 앞에 서게 된다. 페미니즘과의 만남 이후, 모든 것들은 결코 이전으로 돌아갈 수 없음을 경험하게 된다. '페미니즘-이전'이 미몽迷夢의 세계였다면, '페미니즘-이후'는 사물들의 형체가 점차적으로 명확하게 보이는 세계이기 때문이다. '페미니즘'이라는 말을 그대는 언제 처음 들었으며, 그 '페미니즘'과 연결되는 것들은 무엇인가.

내가 '페미니즘' 앞에 처음으로 서고, 비로소 페미니즘과 '조우'하게 된 것은 미국의 대학교에서 박사과정을 하면서 택한 대학원 세미나에서였다. 그전까지 한국에서 태어나 자라고, 대학원 교육까지 받았지만, '여성운동' '남녀평등' '성차별' 또는 '페미니즘'이라는 말들이 내 관심을 끈 적은 없었다. 아니, '평등'이라는 개념 자체가 내게 다가온 적이 없었다. 누군가 성차별이나 여자와 남자의 불평등 문제를 언급할 때, 나는 '요즈음 세상에 자기만 열심히 하면 무슨 차별을 받겠는가'라고 생각했다. 그러한 주제들을 중요한 문제라고 말하는 사람들을 보면 '사소한 문제'에 불필요한 에너지를 쏟는 사람이라고 생각했다. 보다 '중요한 문제'는 이 삶의 '의미 물음' 같은 거창한 주제라고 확신했기 때문이다.

처음으로 한국을 떠나 독일로 유학을 갔을 때도, 성차별의 문제는 전혀 나의 관심사가 아니었다. 독일에서 미국의 대학으로 옮겨서 공부를 시작하게 되었을 때도 마찬가지였다. 한국이나 독일에서 만난 교수들이 모두 생물학적으로 남자였다는 사실에 대해 의문을 품거나 불편해한 적도 없었다. 100% 남자가 주인공인 현실세계가 내게는 매우 '자연스러운 것'으로 보였기에, '왜'라는 의구심조차 갖지 않았던 것이다.

그런데 미국에서 박사과정 하던 첫 학기에 수강 신청 리스트를 가지고 나의 지도교수와 대화를 하던 중, 지도교수인 캐서린 켈러Catherine Keller 교수는 '페미니즘 세미나'를 들어볼 것을 제안했다. 나는 주저하며 "좀더 진지한 학문적인 과목들을 들으려고 했다"고 말했다. 그러자 켈러 교수는 빙그레 웃으며 "이번에 한 번만 들어보고, 페미니즘과 관련된 과목들을 더 이상 듣고 싶지 않으면 다음에는 권하지 않겠다"라고 했다. 독일에서 대학을 다닌 경험이 있는 나의 지도교수는 내게 자신을 독일의 대학에서처럼 '독토무터'Doktormutter, 직역하면 '박사 어머니'가 아닌 '독토슈베스터'Doktorschwester, 직역하면 박사 자매라고 생각하면 좋겠다고 했다.

독일에서 박사과정을 할 경우, 지도교수는 대부분 '독토파터'Doktorvater, 직역하면 '박사 아버지'라는 명칭으로 불린다. 전통적인 학문 세계가 '아버지들'의 세계이므로, '독토무터'라는 '어머니'가 들어가는 명칭은 '자연스럽지 않은 것'이기도 하다. 그러나 학생과 지도교수 사이의 관계는 여전히 '부모와 자식'이라는 '위계적' 구조를 벗어나지 않는다. 그런데 나의 지도교수는 그러한 위계적이며 권위적인 명칭을 스스로 내려놓고서, '자매'슈베스터라는 평등적 명칭으로 나에게 이미 페미니즘이 지향하는 모든 인간의 평등적 관계의 의미를 가르쳐주고 있었다. 이렇게 주저하면서 '억지로' 듣게 된 페미니즘 세미나에서 나는 한 학기 내내 참으로 많은 인식론적 충격을 받았다.

페미니즘 세미나에서 심리학·철학·사회학·종교·문학 등 다양한 영역과 접목된 페미니즘 이론들을 접하면서 내가 나 자신이나 이 세계에 대해 안다고 생각했던 것들이 실상은 '아는 것이 아니었다'는 사실을 충격적으로 깨닫게 되었다. 내가 후에 페미니즘을 통한 "인식론적 회심"epistemological conversion이라는 말을 쓰게 된 배경이다.

페미니즘과의 첫 만남 이후, 페미니즘 앞에 처음으로 선 나에게 일어난 사건이 있다. 우선적으로 나 자신을 이해하는 데에 필요한 언어들을 배우게 되었고, 그러면서 이전에 내가 이해하기 어려웠던 나를 비로소 들여다보기 시작했다. 철학이나 종교의 관심 영역은 '나'로부터 출발한다. 그 '나'는 하나가 아니며, 나 자신이라도 '나'를 온전히 이해할 수는 없다. "나는 나 자신과 혼자가 아니다"I am not alone with myself라는 자크 데리다Jacques Derrida의 말은 한 개별인으로서의 '나'는 자기 자신이라도 그 총체적 모습을 완전히 파악하는 것은 불가능함을 시사한다. 다양한 가치들 사이에서 상충하는 나, 언제나 형성 중에 있는 만들어지고 있는 나이다. 어떤 새로움에 대한 갈망에서조차 그 '나'는, 하나의 일관성이나 동질성을 지닌 모습으로 존재하지 않는다.

'나'는 나의 삶을 구성하는 다층적 요소들과의 접합점들이 시작되는 출발점이다. 사유 주체로서의 '나'에 대한 인식을 하면서 비로소 나는 '타자'와 세계, 그리고 인간-너머의 존재신/초월자 등 다양한 이름으로 호명되는 존재에 대한 성찰이 가능하게 된다는 점을 배우기 시작했다. 또한 내가 경험하고 느껴온 것들이 실제로는 나 개인의 문제 때문만이 아니라, 많은 경우 나와 연결된 타자는 물론 우리가 몸담고 살아가는 사회/세계가 지닌 가치관과 제도들에 의해 야기되었다는 것을 보기 시작한 것도 페미니즘과의 조우를 통해서다.

페미니즘 앞에 선 이후 나에게는 젠더 문제만이 아니라, 나의 삶과 연결된 모든 영역을 '보는 방식'mode of seeing이 확장되고 복합화되기 시작했다. 이 세계는 더 이상 내가 알던 세계가 아니었으며, 나 혼자만의 문제란 지극히 작은 부분임을 자각하게 된 것이다.

르네 데카르트René Descartes의 "나는 생각한다, 고로 존재한다"는 '사유 주체'thinking subject로서의 인간 선언이라는 점에서 중요하다. 그런데 그 '사유 주체로서의 나'가 제대로 그 의미를 지니는 지점은 자신의 사유를 자유롭게 표현하고 선언하는 '발화 주체speaking subject로서의 나'와 만날 때다. 사유하고, 표현하고, 판단하고, 행동하는 주체가 타자가 아닌 '나' 자신이어야 함을 페미니즘은 일깨워준다.

페미니즘과의 만남은 인간으로서의 '사유 주체로서의 나', 그 사유를 자유롭게 말과 글을 통해서 표현하는 '발화 주체로서의 나', 사물에 대한 가치판단과 옳고 그름을 스스로 규정하는 '판단 주체로서의 나', 그리고 그 판단에 따라 행동을 하는 '행위 주체로서의 나'의 발견과 창출을 가능하게 했다.

다음의 도표는 '나'에서 출발하는 이 세계의 구성이 '나'를 구성하는 내면세계의 구성, 그리고 나와 연결된 외면세계에서의 '나'의 의미를 나타낸다. '나'는 마치 한 건물처럼 내부와 외부로 구성되어 있다. 내면세계이든 외면세계이든, 이 모든 것의 주체는 '나'로부터 출발한다는 것을 인식하는 것은 페미니즘만이 아니라, 21세기 다양한 변혁 운동들에서 가장 중요한 인식론적 출발점이다.

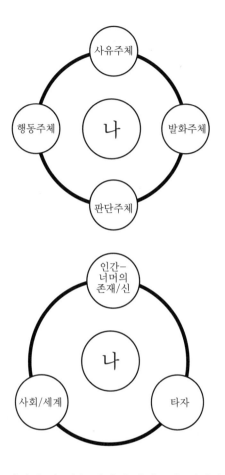

그대는 어떻게 이 책을 펼치게 되었으며, 어떠한 과정을 거쳐 페미니즘 앞에 서게 되었는가. 그리고 이 책을 통해서 페미니즘 앞에 선 그대에게 어떤 사건이 일어날 것인가. 이 모든 것은 그대 자신에게 달려 있다. 아무리 이 세계가 거대하고 복잡해도, 결국 이 세계에 한 발을 내딛는 것은 그 누구도 아닌 '나'를 통해

서 가능하다. 그 '나'가 사유·발화·판단·행동의 주체가 되지 않고서는 나 자신은 물론 타자와 세계, 더 나아가서 인간-너머의 존재에 대한 성찰이나 개입은 불가능하다. 나 자신이 아닌 타자가 나의 삶을 디자인하는 것이 아니라, '나'가 주체가 되어서 '나의 삶'을 만들어가야 하는 것이다.

페미니즘 앞에 선 그대에게, 페미니즘 세계로의 초대장을 보낸다. 페미니즘과의 조우를 통해서, 그대가 '나'의 내면세계와 외면세계를 새롭고 풍성하게 일구어 나가기를 바란다. 무수한 문제들이 해결되어서가 아니라, 그런 문제들에도 '불구하고', '나'와 타자들의 자유와 평등의 삶을 확장하고자 씨름하는 그 과정 자체가 우리 모두를 위한 희망의 근거라고 나는 믿는다. 페미니즘이 '나'와 타자의 삶을 자유와 평등세계로 가꾸게 하는 '창의적인 변혁적 도구'가 되는가, 아니면 '파괴적인 도구'가 되는가는 오로지 그대에게 달려 있다.

Key Ideas Box

첫 번째 질문

페미니즘이란
무엇인가

1 페미니즘, 세계를 '거꾸로 뒤집는 혁명'

'발화의 주체'로 등장한 여성

여권운동은 인류의 역사에서 가장 커다란 사건 가운데 하나다. 인종·계층·장애·종교 등의 요소에 기반한 다른 종류의 권리운동은 인류의 전체 인구로 보면 매우 부분적인 사람들에 관한 것이다. 그러나 여권운동은 인류의 절반이 넘는 사람들에게 해당되는 문제다. 국가·지리적 경계, 문화, 종교, 또는 정치적 정황과 상관없이 인간이 거주하고 있는 모든 곳에 해당되는 권리운동이 바로 '여성운동'이다. 이러한 여성운동의 등장은 인류의 오랜 역사에서 침묵하고 있던 여성이 스스로 자신들의 삶과 존재방식에 근원적인 문제제기를 하는 것이다.

이 점에서 운동과 이론으로서의 페미니즘은 이 세계를 '거꾸로 뒤집는 혁명'이다. 페미니즘은 침묵 속에 있던 여성이 그 침묵을 깨고 자신이 남성과 마찬가지로 '인간'이라는 것, 따라서 남성이 누리고 있는 권리를 여성도 동등하게 가져야 한다는 주장이 근원적 토대를 이룬다. 공적영역에서 남성이 아닌 여성이 이러한 문제제기로 목소리를 내기 시작하면서 운동과 이론으로서의 페미니즘은 그 모습을 드러내기 시작했다.

인류 역사에서 '발화의 주체'speaking subject는 언제나 남성이었다. 공적영역은 물론, 가정과 같은 사적영역에서 여성은 남성이 만들어놓은 지식에 의해 '2등 인간'으로 살아왔다. 1949년에 출판되어 페미니즘의 경전이라고 일컬어지는 시몬 드 보부아르의 『제2의 성』The Second Sex은 여성이 인류 역사에서 부차적 존재로 살아왔다는 사실을 간결하게 드러낸다. 인류 역사에서 여성은 '발화의 대상'spoken object, 즉 주체가 아닌 객체로서 남성에 의한 분석 '대상'이었을 뿐이다. 스스로 자신에 대해 말하고 지식을 생산하는 '발화 주체'가 되지 못했다는 것이다.

여성은 언제나 남성에 의해 규정되는 존재였으며, 한 인간으로서 자신의 삶에 대해 규정하거나 요구하는 존재가 아니었다. 그래서 여성은 언제나 남성이 규정한 역할을 수행하며 자신이 하고 싶은 일이 아니라, 남성이 '허용하는' 여성으로서의 역할만을 수행하는 삶을 살아왔다. 그렇다면 여성은 어떠한 존재로 규정되어 왔으며, 어떤 위치에서 이 세계에 존재해왔는가.

가정 내에서의 여성의 위치만이 아니라 사회정치적 위치를 단적으로 알아보기 위해서는 참정권 문제를 들여다보는 것이 중요하다. 21세기를 살고 있는 여성이 당연하게 생각하는 참정권은, 세계 곳곳에서 이뤄진 무수한 여성의 지난한 투쟁의 결과물이다. 참정권 획득 자체보다 근원적인 물음, '왜 남성에게만 참정권이 주어졌고, 여성에게는 주어지지 않았는가'를 조명하면 여성의 인류 역사에서의 위치를 그대로 볼 수 있다.

여성의 참정권 문제가 제기되기 시작한 것은 1789년 프랑스 혁명 시기였다. 그러나 여성의 참정권이 비로소 인정되기 시작한 것은, 프랑스 혁명으로부터 104년이 지난 1893년 영국의 자치령이었던 뉴질랜드에서였다. 미국에서는 1870년 남성 노예에게 참정권이 주어졌다. 그러나 여성은 1848년 여권운동이 공식적으로 시작되어 참정권 요구를 하기 시작한 후, 1920년 참정권을 획득하기까지 72년의 시간이 걸렸다. 남성 노예가 참정권을 받은 지 50년이 흐른 뒤였다.

영국에서는 1897년 여권운동이 공식적으로 시작되어 1928년이 되어서야 21세 이상의 모든 여성에게 온전한 참정권이 주어졌다. 공식적으로는 31년이 걸렸지만, 여성참정권 청원이 영국 의회에 제출된 1832년부터 계산하면, 96년의 시간이 걸린 셈이다.* 한국에서는 1948년 정부 수립과 함께 서구적 정치구조를 흡수하면서 '자연스럽게' 여성과 남성 모두에게 참정권이 주어졌다. 사우디아라비아는 2015년이 되어서야 비로소 여성에게 참정권을 부여했다. 21세기에 들어선 지금 당연하게 생각하는 여성의 참정권은 이렇듯 오래고 끈질긴 투쟁과 희생을 통해서 마침내 '보편

---

* 「여성참정권 위해 온몸으로 투쟁한 영국의 '서프러제트'들」, 『여성신문』, 2018년 2월 28일자(http://www.womennews.co.kr/news/130130).

권리'로 주어진 것이다.

여성에게 참정권을 주지 않는 것은 모든 결정 권력을 지닌 남성과 한 사회가 그 사회의 구성원인 여성을 어떤 존재로 여기는지를 명증적으로 보여주는 예시다. 참정권은 민주주의 정치에 주체로 참여하는 가장 기본적 권리다. 참정권은 합리적 판단력이 있는 사람에게만 주어야 한다는 전제 하에, 미성년자가 아닌 성인에게만 주어진다. 따라서 참정권은 한 사회가 '성인'을 어떻게 규정하는지를 제시하는 '사회정치적 지표'이며, 동시에 인간이해를 보여주는 '인식론적 지표'다.

이러한 참정권을 남성에게만 주고 여성에게는 허락하지 않았다는 것은 어떤 의미인가. 참정권은 표면적인 권력 행사의 문제만이 아니다. 그보다 훨씬 깊은 차원의 문제로서, '여성은 누구인가'라는 근원적인 인식과 연결되어 있다. 여성은 아무리 나이가 들고 생물학적으로 성인이 되어도, 남성의 지도 하에 있어야 하는 '영원한 미성년'이라는 인식이 바로 참정권을 주지 않는 인식의 토대였다. 동시에 '여성의 자리'는 사적영역인 가정이며, 남성만이 공적영역에 속한 시민으로서의 주체적 역할을 수행할 수 있다는 가부장제적 남성중심주의의 '성역할'이 자연화되고 절대화된다는 의미다.

그렇기에 여성이 참정권을 요구하는 여권운동은 인류의 절반이 넘는 사람들의 삶에 영향을 미치고, 세계 역사에서 가장 뿌리 깊은 차별 문제에 대해 근원적인 사회정치적 변혁을 모색한다는 점에서 세계를 '거꾸로 뒤집는' 혁명적 운동이라고 할 수 있다. 사적영역만이 '여성의 자리'라고 규정되어온 것에 대한 저항이 공적으로 시작된 것이 바로 여성권리운동의 시작이며, 이론과 운동으로서의 페미니즘이 형성되기 시작한 역사적 배경이다.

초기 여권운동의 목표

18세기부터 서구에서 서서히 그 모습을 드러내기 시작한 초기 여권운동의 두 가지 중요한 목표는 참정권과 교육권이었다. 여성이 남성과 동등한 인간으로 살아가기 위해서 가장 필요한 것은 우선적으로 참정권과 교육 기회의 균등이라고 보았다. 여성에게 교육의 기회가 차단되었다는 것은 여성과 남성의 평등을 확보하는 것 자체가 불가능하다는 것을 의미한다. 세계 곳곳의 참정권 역사를 보면, 여성의 존재 의미는 사적영역에 있고, 남성은 공적영역에 속한 존재라는 여성과 남성에 대한 근원적인 인식론적 전제를 들여다볼 수 있다. 참정권과 교육권은 공적영역에 속한 남성에게만 필요한 것이며, 남성만 교육받을 중요한 권리를 행사할 능력이 있다는 인간이해를 적나라하게 드러내는 것이다.

예를 들어보자. 미국 하버드 대학교는 세계에서 가장 우수한 대학교 가운데 하나라고 간주된다. 그런데 1636년에 설립된 이 대학교가 여성에게 입학을 허용한 것은 설립 후 243년이 지난 1879년이었다. 그런데 대학에서 여성 입학이 허용된 이후에도,

세 분야의 전문대학원, 즉 의학·법학·신학대학원에서는 여성의 입학이 여전히 허용되지 않았다. 이 세 분야의 전문대학원이 지닌 공통점은 인간의 생명을 다룬다는 것이다. 생명을 다루는 분야는 성숙한 인간만이 할 수 있으며, 그 당시는 여성을 '영원한 미성년자'라고 생각했기에 '미성숙한' 인간인 여성이 중요한 분야에서 공부하는 것은 불가능하다고 생각했던 것이다.

이 전문대학원에 여성 입학이 허용되기 시작한 것은 각각 1945년 의학대학원, 1950년 법학대학원, 1955년 신학대학원이다. 대학 설립 후 319년, 대학 입학 허용 후 79년이 지난 후에야 비로소 모든 전문대학원에서 교육의 평등을, 적어도 법적으로는 획득할 수 있었다. 남성에게는 아무런 문제 없이 당연한 입학이, 여성에게는 319년이나 걸려서 표면적으로 그 당연성을 확보하게 된 것이다.

법적으로 여성과 남성에게 동등한 기회가 보장되었다고 해도, 그러한 법적인 교육기회의 평등권이 현실적 평등으로 이어지지는 않았다. 즉 법적으로 교육기회의 평등을 획득하는 것은 가장 기본적인 단계일 뿐, 그것이 실질적 평등으로 이어지는 일은 별개의 문제라는 것이다. 예를 들어 2013년 유니세프UNICEF, UN 아동기금 자료에 따르면 세계 문맹자의 수는 7억 7,400만 명이며 그중 2/3는 여성이다.* 법적으로 여성과 남성에게 교육기회가 평

---

* 유엔아동기금(UNICEF)에서 나온 세계 여성들의 교육현황에 대한 2013년 자료는 다음에서 참조(https://en.unesco.org/gem-report/sites/gem-report/files/girls-factsheet-en.pdf, 2018년 4월 28일 접속).

등하게 주어졌다 해도, 가부장제적 남성중심주의는 남성에게 교육의 기회를 우선시한다는 것을 보여주는 수치다.

서구에서 초기 여성운동의 주요 목적이 참정권 획득과 교육 기회의 평등이었다는 점을 상기해보면, 20세기는 여성 권리운동의 두 가지 중요한 목적이 적어도 표면적으로는 실현 가능하게 된 시기다. 그러나 눈에 보이는 '객관적 평등'이 구체적인 삶의 현장에서 '실질적 평등'으로 자동적으로 이어지는 것은 아니라는 것은 20세기를 지나 21세기에 들어선 지금에도 도처에서 경험되고 있다.

진정한 젠더 평등의 충분조건은 다양한 필요조건들이 동시에 충족되어야 가능하다. 변화에는 객관적 변화와 주관적 변화의 두 차원이 있다. 법적 평등을 이루는 것은 객관적 변화를 이루는 것으로서 그 자체로 매우 중요하다. 그러나 법적 평등은 진정한 변화의 필요조건이지, 충분조건은 아니다. 사람들의 의식이나 가치 체제 같은 주관적 변화가 수반될 때 진정한 변화의 충분조건이 마련된다. 그때 비로소 평등을 향한 총체적 변화가 가능할 것이다.

Key Ideas Box 1

법적 평등과 실질적 평등

참정권이나 교육권 같은 법적 평등이 구체적인 현실에서의 실질적 평등을 자동적으로 보장해주는 것은 아니다. 법적 평등은 한 사회에서 젠더 평등을 이루는 데 '필요조건'이지만 '충분조건'은 아니라는 것이다. 법적 평등은 객관적 변화를 만들 뿐이다. 사람들의 의식이나 가치 체제 같은 주관적 변화가 수반되어야 실질적인 평등의 충분조건이 마련된다고 할 수 있다.

2 페미니즘은 자명한 것이 아니다

페미니즘이 등장하고 전개되는 맥락은 역사적 배경과 사회 정치적 정황에 따라서 매우 다르다. 따라서 '페미니즘이 무엇인가'에 대한 논의는 그 복합성에 대한 인지에서부터 출발해야 한다. 그 누구도 페미니즘에 대한 총체적 그림을 그려내는 것은 불가능할뿐더러, 그러한 의도를 가지는 것 자체가 위험하기 때문이다.

최근 한국사회에서 페미니즘이라는 단어가 대중매체에 빈번하게 회자되고 있다. 한국사회에서 페미니즘과 연결된 단어들은 메갈리아, 미러링, 여성혐오, 미투운동 등이다. 그러나 그 용어를 사용하는 사람들 가운데 대다수는 '페미니즘은 무엇인가'라는 질문을 진지하게 생각하지 않거나, 페미니즘을 단순하게 이해할 수 있는 것으로 간주하는 것 같다. 이런 현상에서 비롯된 페미니즘에 대한 오해와 왜곡이 대중매체와 소셜네트워크서비스SNS에 난무하면서, 페미니즘에 대한 반감은 더욱 노골화되고 있다. 페미니즘은 남성에 대한 '복수의 정치'politics of revenge에 의해 작동되는 것으로서 남성 혐오적이며, 여성의 우월과 지배를 주장하고, 결과적으로 가정 파괴나 종교 파괴는 물론 궁극적으로 사회분열을 야기한다는 것 등이 페미니즘에 관한 전형적인 '왜곡된 신화'다.

이러한 사회적 분위기에서 '페미니즘이란 무엇인가'라는 원론적 질문은 의미가 없다고 보는 이들도 많다. 자신을 페미니스트라고 생각하는 이들이나 그렇지 않다고 생각하는 이들 모두, 페미니즘은 매우 상식적이고 자명한 개념이라고 생각하기 때문이다. 그런데 페미니즘이 무엇인지를 알기 위해서는 우선 페미니즘은 '자명한 것'이라는 전제를 지워야 한다. 그 편견이 페미니즘을 이해하는 데에 커다란 장애가 되기 때문이다.

페미니즘은 각기 다른 시대와 정황, 페미니스트들의 다양한 사회정치적 입장에 따라서 매우 상이한 의미를 지니기도 한다. 그만큼 페미니즘의 전제와 목적은 지속적으로 변화되어 온 것이다. 페미니즘은 전혀 자명하지 않으며 오히려 매우 복합적인 이론이자 운동이다.

이러한 맥락에서 보면 '페미니즘'이라는 말은 어떤 정황에서 누가 쓰느냐에 따라 서로 다른 의미로 받아들일 수 있으며 상식으로 단박에 이해할 수 있는 것이 아니다. 예를 들어 포스트모더니즘postmodernism이나 포스트콜로니얼리즘postcolonialism과 같이 '이즘'-ism이 붙여진 이론이나 운동에 대해 대부분의 사람들은 상식적으로 알 수 있다고 생각하지 않는다.

포스트모더니즘을 이해하기 위해서는 다양한 문화적·미학적·정치적·철학적 분석을 거쳐야만 모더니즘과의 복합적 관계를 조금이라도 이해할 수 있다. 또한 포스트콜로니얼리즘은 역사적 식민주의에 대한 분석만이 아니라, 초역사적transhistorical 식민주의에 대한 다층적 분석이 이루어진 후에야 어떻게 영토의 지배를 거치지 않고도 다양한 방식으로 한 개별인과 집단을 식민화하는지를 이해하게 된다.

그런데 다른 '이즘'과 달리, 유독 페미니즘만은 복합적이고 다층적인 분석과 학습을 통한 이해의 과정을 거치지 않고도 누구나 '상식적으로' 알 수 있는 분야라고 생각하는 이들이 많다. '상식적으로 알 수 있다'고 생각하는 바로 그 지점에서 페미니즘에 대한 오해와 오독이 시작된다. 상식적으로 알 수 없는 것을 '상식적으로 알 수 있다'고 하는 그 전제가, 페미니즘에 대한 지독한 오해와 왜곡된 단순화를 초래한다. 이것은 페미니즘에 대한 왜곡된 이해를 고정시킨다는 점에서 오히려 '아무것도 모른다'고 생각하는 것보다 위험하다.

예를 들어 어떤 사람들에게 페미니즘은 미국과 유럽에서 벌어진 역사적으로 매우 구체적이고 특별한 정치 운동을 의미한다. 그래서 정치적 식민주의를 경험한 제3세계 나라에서 페미니즘은 서구 이론으로서, 받아들여서는 안 되는 것으로 거부당하고 부정되어진다. 또 어떤 사람들에게 페미니즘은 시대와 정황에 상관없이 여성에 대해 가해지는 차별과 불의를 넘어서고자 하는 운동

일반을 의미하기도 한다. 물론 '페미니즘'이라는 영어 단어의 뜻
은 19세기부터 현재까지 일반적으로 '여성운동'을 의미한다. 그
러나 현대사회에서 '페미니즘은 무엇인가'에 대해 누구나 동의하
는 개념은 존재하지 않는다.

3 페미니즘은 '여성주의'인가

한국에서는 페미니즘을 '여성주의'로 쓰곤 한다. 그런데 나는 이 책에서 영어의 '페미니즘'feminism을 번역하지 않고 음역하여 쓴다. '여성주의'라는 표현은 득보다 실이 많다고 보기 때문이다. 페미니즘을 '여성주의'라고 할 경우, 우선 세 가지 위험성이 있다.

첫째, '여성중심주의'gynocentrism라는 오해를 낳을 수 있다. 이제까지 남성이 지배하는 사회였으니 이제 남성이 아닌 '여성'이 모든 것의 중심이 되어야 한다고 주장하는 '여성중심주의'가 곧 페미니즘이라고 생각하게 만들 수 있다는 것이다. 페미니즘의 내용이나 운동의 방향성은 시대와 정황에 따라 변화되어 왔으며 앞으로도 변할 것이다. 초기 페미니즘은 남성의 지배를 받으면서 언제나 주변부에 머물렀던 여성이 자신의 주체적 위치를 지향한다는 점에서 '생물학적 여성'에 그 우선성을 두었다. 주변부에 있던 여성을 '주체자'로 끌어들이기 위해 여성을 부각시키는 '여성주의'라는 잠정적·전략적 입장이 필요했던 것이다. 그러나 현대의 페미니즘은 '여성-남성'이라는 두 종류의 젠더만이 아니라, 트랜스젠더, 인종, 섹슈얼리티 등 다층적 차별과 억압 문제에 관심을 둔다. 따라서 '남성-여성'이라는 이분법적 이해에 기반한 '여성주의'라는 표현은 우리가 다루어야 할 다양한 문제를 배제하는 결과를 야기할 수 있다. 21세기 페미니즘은 이제 초기 페미니즘처럼 '여성에 의한, 여성만을 위한' 운동과 이론으로 제한될 수 없다는 점에서 페미니즘을 여성주의라고 하는 것은 개념적 한계가 있다.

둘째, 현대 페미니즘이 지닌 다양한 요소들과의 '교차성' intersectionality을 간과하고 지나치게 단순화할 수 있는 위험성이 있다. 한 사람을 구성하는 것은 성별만이 아니다. 계층, 인종, 성 정체성, 장애 여부, 교육 배경, 직업, 가정환경, 외모, 종교 등 다양한 구성요소가 있으며, 이러한 요소들은 정황에 따라 동시다발적으로 우선성을 가진다. 차별과 억압의 복합성에 대한 인식은 '교차성'이라는 개념을 등장시켰다. 페미니즘을 '여성주의'라고만 이해한다면 한 사람을 구성하는 다양한 요소들의 교차성과 연계성을 배제하게 된다. 현대 페미니즘은 정황에 따라서 젠더만이 아니라 인종·계층·성적 지향·장애 등 다양한 요소들과 젠더가 깊숙이 연결되어 있는 현실에 개입해야 한다.

셋째, '여성주의'라는 표현이 지닌 '정치성의 결여'다. '페미니스트'는 생물학적 '본질'essence에 관한 것이 아니라 특정한 '정치적 입장'position의 표현이다. 가부장제적 성차별주의를 비판하면서, 사회가 좀더 평등한 구조로 변화되어야 한다는 정치적 입장을 지닌 이들을 가리키는 개념이다. 즉, 생물학적으로 여성이라고 해서 자동적으로 페미니스트가 되는 것은 아니며, 생물학적 남성이라고 페미니스트가 될 수 없는 것도 아니다. 이러한 맥락에서 보면 '페미니스트'는 생물학적 지시어가 아닌 정치적 입장의 표현이다. 페미니즘의 발전과정을 보면 19세기 자유주의 페미니즘의 중요 사상가인 존 스튜어트 밀John Stuart Mill과 같이 많은 남성들이 남녀 평등을 모색하기 위한 운동에 개입해 페미니즘 이론을 생산해왔다. 여성주의에서 '여성'은 생물학적 '범주'다. 이러한 이유로 영어에서 '여성학'women's studies과 '페미니스트학'feminist studies을 구분해야 하며, '여성학'이 아닌 '페미니스트학'으로 전이해야 한다는 주장도 있다.

'여성주의' 또는 '페미니즘'은 얼핏 비슷한 표현처럼 보인다. 그러나 유사한 것 같지만 상이한 표현들에 대해 매우 비판적으로 조명할 필요가 있다. 한 개념은 사용자의 의도와 상관없이 공공영역이나 개별인들의 의식체제에 어떤 특정한 '가치'를 확산할 가능성에 언제나 노출되어 있기 때문이다. 예를 들어 '불법illegal 이주민'과 '미등록non-documented 이주민'이라는 표현은 서로 매우 다른 의미를 지닌다. '불법 이주민'이라고 할 때에는 그 용어를 사용하는 사람의 의도와 상관없이 그러한 표지가 붙은 이들을 모두 '잠재적 범죄자' 취급을 하면서 사회적 위협이 되는 존재로 여기는 차별적 가치를 재생산할 수 있다. 반면, '미등록 이주민'은 아직 서류가 준비되지 않은 사람들이라고 생각할 뿐 그들을 '범죄자'로 분류하지는 않는다. 내가 페미니즘을 '여성주의'라고 사용하는 것에 대해 우려하는 것은, 바로 하나의 표현에 담길 수 있는 다층적 함의 때문이다.

Key Ideas Box 2

페미니즘을 '여성주의'로 표현하는 것의 위험성

1. 페미니즘을 '여성중심주의'gynocentrism라고 오해할 수 있다.
2. 현대 페미니즘에서 중요한 '교차성'intersectionality의 문제를 간과할 수 있다.
3. 페미니즘은 '여성'이라는 생물학적 본질essence에 관한 것이 아니라 젠더 평등을 추구하는 정치적 입장이다. 여성주의라는 표현은 자칫 페미니즘이 '여성'이라는 생물학적 본질에 국한된 사상이라는 오해를 줄 수 있다.

4 '연장'으로서의 페미니즘
'좋은' 이론은 '좋은' 변혁적 실천이다

이론과 실천 사이

나는 페미니즘을 포함한 여타의 '좋은' 이론은 '좋은' 실천이며 운동이라고 생각한다. '좋은' 이론이라는 표현은 '나쁜' 이론이 존재함을 전제한다. 그런데 '좋음-나쁨'이라는 이분법적 사유 방식은 내가 의도하는 것이 아니다. 논의를 위해 사용하는 잠정적 표현방식일 뿐이다. 무엇이 '좋은' 이론인가는 이 개념이 사용되는 특정한 정황에 따라 다를 것이다. 내가 이 책에서 사용하는 '좋은' 이론은 젠더·인종·계층·성적 지향·장애·국적 등과 상관없이 '모든' 인간의 존엄성과 평등성, 그리고 포용의 원을 확장하는 인간관과 세계관을 담아내는 비판적 도구로서의 이론이다. 반면 '나쁜' 이론은 배제와 차별을 정당화하고 재생산하는 이론들이다.

강의나 강연을 할 때 늘 받는 질문이 있다. '이론과 실천/운동'의 관계에 대한 질문이다. 나는 학교에서 정규과목으로 '자크 데리다'Jacques Derrida 수업을 할 때, 학기가 끝나는 마지막 시간에는 학생들에게 돌아가면서 데리다를 공부한 '이전'과 '이후'에 대해 자신의 경험을 말할 수 있는 시간을 가지곤 한다. 그런데 놀랍게도 다수의 학생들이 데리다의 해체이론이 얼마나 자신들의 구체적인 사유방식과 행동방식을 바꾸게 되었으며, '실천적'인지를 '고백'하곤 한다. 구체적으로, 신문을 읽고 해석하는 방식, 정치적 이슈에 대해 스스로 비판적 해석을 하는 방식, 타자와 관계 맺는 방식 등 참으로 구체적인 실천적 변화가 있었다는 것이다. 더구나 데리다를 공부하는 데에 '이론적' 의미만 있을 뿐 그러한 '실천적' 의미를 거의 기대하지 않았다는 것이다. 평소 이론의 중요성을 강조하는 나로서는 이러한 학생들의 경험을 듣는 일이 즐겁다. 이론과 실천의 관계는 페미니즘과 같이 다양한 변혁이론이나 운동에 관여하는 이들이 늘 염두에 두는 문제다.

　　이론과 실천의 관계는 1960년대 이후 활발하게 출현하기 시작한 다양한 사회변혁운동에서 지속적으로 논의되어 왔다. 여성운동계에서는 이른바 '이론'을 하는 이들은 '상아탑'에 머물면서 이론만 생산할 뿐 정작 현장을 모르는 이들이며, 현장에서 '운동'하는 이들만이 변혁에 참여한다는 '반反-이론'anti-theory 정서가 팽배했다. 그러나 시간이 흐르면서 여성운동단체 안에서도 이론은 '왜, 무엇을, 어떻게 변혁시켜가야 하는가'라는 중요한 인식적 이해를 제시하는 것으로서, 실천의 중요한 전거를 마련하기 위해 이론이 필수적이라는 목소리가 나오기 시작했다. 이론과 실천의 이분법적 접근의 한계와 위험성을 인식하는 것은 무엇보다도 두 진영―이론가들과 운동가들―모두 매우 중요하다. 인간의 구체적인 현실에서 작동하는 보이지 않는 기제들은 다양한 이론에 의해 조직화되고 운영되고 있다.

이론은 현실세계에 '무엇'이 '왜' 문제인가를 보여주며, 실천은 이 문제들을 '어떻게' 개선해야 하는가에 우선적 관심이 있다. 이론과 실천의 얽힌 관계를 고려해볼 때, 어디까지가 '이론'이고 어디에서부터 '실천'인지 경계를 긋는 것은 쉬운 일이 아니다. 분명한 것은 현실세계의 작동원리를 분석하는 이론적 작업 없이 '문제'를 '문제'로 판단해내는 실천적 작업은 불가능하다는 것이다. 다양한 문제들이 얽히고설킨 이 현실을 변혁하기 위해서는 그 맥락을 깊이 이해하는 이론적 작업이 '운동-실천'에 매우 중요한 요소가 되기 때문이다.

따라서 현실세계에 개입하지 않고 허공에 맴도는 추상적 이론이 아닌, 구체적인 현실에 깊숙이 뿌리 내린 '이론'은 진정한 '실천'을 가능하게 하는 '운동'이라는 것을 인식하는 일은 참으로 중요하다. 이론과 실천의 분리불가능성과 상호연관성에 대한 인식은 반성차별운동·반인종차별운동 등의 과정에서 많은 운동가·실천가들이 체득한 것이다. 이러한 의미에서 이론과 실천, 앎과 삶을 대립 축에 놓는 것은 현실의 다양한 작동기제들의 근저에 감추어져 있는 본체는 보지 않고, 빙산의 일각만을 보면서 그것을 실체의 전부로 간주하는 것과 같다고 할 수 있다.

이론은 실천의 공간 속에서 개인이나 집단에게 실천의 인식론적 근거를 제공하며, 동시에 하나의 이론은 그 실천에 뿌리내린 다양한 상황과 긴밀하게 연계되어야 한다. 현대의 영향력 있는 이론가 가운데 한 사람인 프랑스 철학자 질 들뢰즈Gilles Deleuze는 이론과 실천의 관계에 대해 다음과 같이 말한다.

이론과 실천의 관계는 부분적이거나 파편적인 것이 전혀 아니다. 이론은 언제나 지역적이며 제한된 상황에만 관계되어 있어서, 그 이론이 특정 상황을 넘어 다른 상황에 적용될 때에는, 이미 그 상황과 거리를 갖게 된다. (…) 더 나아가서 한 이론이 다른 상황이나 영역에 적용되기 시작할 때, 그 이론은 장애물, 벽, 차단물 등과 대면하게 되어 마치 릴레이 경주처럼 또 다른 양태의 담론들이 요청된다. (…) 실천이란 한 이론점theoretical point에서 다른 이론점으로 가는 릴레이 경주의 한 쌍과 같다. 어떠한 이론도 벽에 부딪히는 일 없이 발전할 수 없으며, 실천은 이러한 벽을 뚫어 나가기 위해 필요한 것이다.*

이러한 맥락에서 들뢰즈는 "이론은 연장상자"theory is a box of tools와 같은 것이며, 그 연장을 만든 사람signifier과는 사실상 아무

---

* Michel Foucault and Gilles Deleuze, "Intellectuals and Power: A Conversation between Michel Foucault and Gilles Deleuze," in Michel Foucault, *Language, Counter-Memory, Practice: Selected Essays and Interviews*, pp.205-206.

관계가 없다고 강조한다. 연장의 존재 의미는 연장으로서의 기능을 하는 것이지, 그 자체를 위한 것이 아니다. 예를 들어 망치가 한국에서 제조되었든, 중국에서 만들어졌든 망치로서의 기능만 하면 되는 것이지 '어디에서' '누가' 만들었는지는 의미가 없다는 것이다.

어느 연장이든 그 연장을 아무도 쓰지 않으면 무용한 것이 되듯이 이론도 구체적 현실세계에서, 한 사람의 인식에서, 아무런 기능을 하지 않고 쓰이지 않는다면 무가치한 것이 된다. 망치가 집을 만드는 데에 쓰일 수도 있지만 동시에 사람이나 물건을 파괴하고 해치는 데에도 쓰일 수 있는 것처럼 하나의 이론은 다양한 방식으로 기능할 수 있다.

따라서 이론 자체가 아니라 이론을 '어떤 목적'으로 쓰는지가 보다 중요하다. 예를 들어 포스트모더니즘은 '연장'으로서 허무주의적인 상대주의를 제창하면서 이 현실에서 아무런 책임적 역할을 하지 않을 근거로 사용될 수 있다. 반대로 근대적 중심부를 탈중심화함으로써 그동안 중심부에서 밀려나 있었던 주변부인들의 고유한 인간으로서의 존엄성과 권리를 드러나게 하는 실천적 근거로 사용할 수도 있다. 들뢰즈와의 대담에서 미셸 푸코 Michel Foucault는 "이론은 실천이다"라고 분명하게 역설한다.*

* ibid., p.208.

페미니즘으로 무엇을 할 것인가

다른 여타의 사회변혁운동에서와 마찬가지로 초기 여권운동은 반反지성주의, 반反이론주의 성향을 강하게 띠고 있었다. 그래서 페미니즘 이론을 구성하고 글을 쓰고 가르치고 강연하는 이론가들에 대해서는 '상아탑'에서 공리공론만 하는 이들이라고 간주하면서, '현장'에서 데모하고 피켓팅하며 직접 '몸'으로 투쟁하는 이들이야말로 진정한 운동이나 실천을 하는 이들로 간주하는 성향이 강했다. '상아탑'이라는 용어 자체가 이미 대학에 대한 냉소주의적 시선을 담고 있다. 그러나 다양한 사회변혁운동이 발전하면서, 운동가 자신도 지속적으로 운동에 의미를 부여하고, 타자를 설득하고, 효과적인 운동 전략과 방향성을 설정하는 데 이론이 얼마나 필연적인지에 대해 비판적 성찰을 하게 된다.

현실 깊숙한 곳에 자리한 복합적인 작동 기제를 들여다보게 하는 이론적 분석 없이는 운동의 지속성이 그 힘을 잃게 된다는 현실적 경험을 하게 되었기 때문이다. 또한 이론과 실천의 이분법적 이해의 한계와 그 위험성을 자각하면서 반이론주의나 반지성주의의 한계가 조명되고 비판되었다.

그러나 지금도 여전히 이론과 실천을 이분법적으로 보는 이들이 많다. 이분법적 시각은 현장의 복합성과 다양성에 대한 인식이 매우 제한되어 있기 때문이기도 하다. 그런데 현장에 대한 단일한 시각은 큰 문제가 된다. '현장'이란 무엇인가. 예를 들어

광화문에서 촛불시위를 하는 것은 현장이고, 강의실에서 현실에 대한 다층적 분석을 통해 인식론적 변화를 이끄는 것은 현장이 아닌가. 현장은 다양한 삶의 자리다. 학교에서 아이들을 가르치는 선생에게 우선적인 '현장'은 학생들과의 관계가 형성되고 발전되는 교실이며 강의실이다. 그곳에서 이론적 접근과 분석을 통해 이 세계에 대한 다층적인 인식의 변화가 생기고, 그 변화에 의해 판단하고 행동한다는 점에서, 현장이 어디인가에 대한 복합적인 이해가 필요하다.

현대 사회에서 '현장' 또는 '실천'은 하나의 얼굴만 있는 것이 아니다. 현장이나 실천은 수많은 층으로 세분화되어 작동되는 매우 복합적인 것이다. 물론 현실세계와 무관한 추상적 세계만을 다루는 '이론'이라면, 그 이론이 '현장'이라는 정치적 공간을 구성하지 못한다. 그러나 한 사람이 자신을 보고, 타자를 보고, 세계를 보는 인식의 변화를 가져오게 하는 이론, 그리고 그 이론들이 만들어지고 가르쳐지는 다양한 공간도 이 현실에 없어서는 안 되는 중요한 '실천과 운동의 현장'이라고 본다.

강의실 안이든 밖이든, 한 사람의 인식변화가 일어나는 곳은 광의의 의미에서 '현장'이며 새로운 변화를 가져오는 가능성을 품고 있는 '운동'이다. 그러한 인식변화 없이 변혁운동이 장기화되는 것은 불가능하다. 이러한 맥락에서 들뢰즈가 역설하듯 "이론은 연장상자"라는 것, 그리고 푸코의 주장처럼 "이론은 실천"이라는 말을 기억하는 일은 매우 중요하다.

"좋은 이론은 좋은 운동"이라는 것, 즉 '좋은 이론'을 통해 자신의 인식론적 시각이 변화하고, 그 변화 속에 타인들을 설득하여 그 변혁운동의 열정을 나눌 때 비로소 진정한 실천이나 운동이 가능하다. 여기에서 '좋은 이론'과 '나쁜 이론'이라는 매우 단순한 구분은 잠정적인 구분이며, 무엇이 어떤 특정한 이론을 '좋은' 또는 '나쁜' 이론으로 만드는지는 사람마다 상이하게 규정할 수 있을 것이다.

나는 '좋은 이론'은 이 세계에 정의, 평등, 평화에 대한 인식과 실천을 첨예화하고 확산하는 데에 도움이 되는 이론이라고 본다. 반면 '나쁜 이론'은 다양한 담론적 기제들을 통해—그것이 정치사회적이든 종교적이든—무수한 배타적 타자를 양산해내고, 그들을 그럴듯한 근거로 열등하거나 악한 존재로 간주하는 인식론적 체제를 정당화하면서 그들에 대한 배타와 정죄를 자연적인 것으로 만드는 이론이다. '좋은' 이론은 우리의 인식세계를 확장하여, '나'를 보는 방식, '너'를 보는 방식, 그리고 '세계'를 보는 방식에 인식론적 혁명을 일으키면서, 개별인들이 중요한 사회변혁의 주체로 스스로의 인간관, 정치관, 종교관, 세계관을 형성하도록 돕는다. 따라서 나는 다음과 같이 이론과 실천과의 관계를 정의 내린다.

"좋은 이론은 중요한 실천이다."

페미니즘을 포함해서 여타의 이론들은 '연장'이다. 즉, 연장으로서의 이론은 누가 어떻게 사용하는가에 따라서 긍정적 기능을 할 수도 있고, 파괴적 기능을 할 수도 있다. 따라서 '페미니즘'을 하나의 연장으로 생각한다면, 자신은 물론 타자의 인간됨을 부정하는 연장으로 사용할 수도 있고, 새로운 평등과 정의로운 구조를 만들어가기 위한 매우 유용한 연장으로도 사용할 수 있다. 페미니즘이라는 연장으로 자신에게 동조하지 않는 이들을 모두 '적'으로 돌리면서, 대치적 입장을 가지는 것만이 페미니스트의 자세라고 본다면, 이것은 인간이 지닌 매우 복합적 층위를 간과하면서 자신과 타자의 '인간됨'을 파괴하는 '연장'으로 사용하고 있는 것이다. '페미니즘이라는 연장으로 나는 무엇을 할 것인가'는 우리 각자가 끊임없이 자기비판적 성찰을 해야 할 물음이다.

5 페미니즘과 여성운동은 같은가

페미니즘과 여성운동의 관계를 어떻게 볼 것인가는 페미니스트 이론가들에 따라 다르다. 여성운동과 페미니즘의 차이는 구체적인 '사회운동의 역사'와 '사상의 역사'와의 차이이기도 하고, '페미니스트'와 '여성'의 차이와도 연결된다. 무엇을 여성운동으로 규정할 것인가는 명확한 것 같지만, 경우에 따라서 불분명한 경우도 많다. 성차별에 대해 분명히 인식하면서, 개혁을 위해 구체적으로 개입하는 여성의 권리운동은 페미니즘과 만난다. 그러나 분명한 성차별에 대한 사회정치적 인식 없이 단지 생물학적 여성들이 모여서 하는 운동이라면, 페미니즘과 일치시킬 수 없다. '여성'은 생물학적 지표이지만, '페미니스트'는 정치적 지표이기 때문이다. 즉 생물학적으로 남성으로 규정된 사람을 '여성'이라고 할 수 없지만, 남성이라도 정치적 입장을 지닌 사람을 '페미니스트'로 지칭할 수는 있다.

예를 들어보자. 한국 여성들이 '대한민국 엄마부대'라는 여성들만의 모임을 결성하고 갖가지 운동을 해오고 있다. 2013년에 창립되었다는 '엄마부대'는 대한민국의 앞날을 걱정한다고 하면서 세월호 특별법 제정을 반대하고 세월호 유가족에 대한 비난을 일삼아왔다.* 이들이 단지 생물학적으로 '여성'이라고 해서 그들의 활동을 '페미니즘' 활동이라고 할 수는 없다. 또 다른 예를 들어보자. 1981년 9월 5일 영국 '그린햄 커먼'Greenham Common 공군기지에서 250여 명의 여성들이 크루즈 핵미사일 배치 결정을 취소하라는 반핵시위를 벌였다. 이들은 여성 평화운동단체인 '지구 생명을 위한 여성들'Women for Life on Earth의 회원이었으며, 시위를 하던 여성들 가운데 36명이 구속되어 기소되었다. 이러한 법적 조치에 분노한 여성들이, '그린햄 커먼 여성평화캠프'Greenham Common Women's Peace Camp를 조직하고 지속적인 시위를 했다. 1982년 12월 제2차 시위에는 3만여 명, 1983년 4월 시위에는 7만 명, 1983년 12월 시위에는 5만 명의 여성이 모였다.** 이 공군기지에서 핵이 사라진 것은 1991년이고, 기지는 2000년에 폐쇄되었다. 그린햄 커먼 여성운동은 매우 성공적인 여성운동이라고 평가할 수 있다.

그러나 성공한 여성운동이라고 해서 그것을 페미니즘이라

* 「세월호 유족 가슴에 비수 꽂은 '엄마부대' 정체 알고 보니」, 『한겨레』, 2014년 7월 28일자(http://www.hani.co.kr/arti/society/society_general/648773.html. 2018년 4월 29일 접속).
** 「영국 그린햄 커먼 여성 반핵시위」, 『한국일보』, 2017년 12월 12일자(http://www.hankookilbo.com/v_print.aspx?id=0de36615220e49b4bd7867275ebda57f. 그리고 https://en.wikipedia.org/wiki/Greenham_Common_Women%27s_Peace_Camp. 2018년 4월 29일 접속).

고 할 수 있는 것인가. 이에 대해서는 페미니스트들의 입장이 일치하지 않는다. 우선 이 반핵시위에 참여할 수 있는 사람은 '오직 여성'이었다. 이들이 여성으로서 강조한 정체성은 '어머니'이며, 자신의 아이들과 미래세계를 위해 시위를 한다는 것이 그 명분이었다. 한 '인간'으로서의 정체성이 아니라, '어머니'라는 역할 정체성을 강조하며 진행된 '여성운동'을 페미니즘의 연장선상에서 보아야 하는가 아닌가는 생각보다 단순하지 않다.

이러한 여성운동을 페미니즘으로 보는 것에 반대하는 사람들은 이 여성들이 자신을 '페미니스트'가 아니라, 가부장제가 여성에게 부여한 '어머니'로서의 정체성을 그대로 재현하고 강화했다고 생각한다. 여성이 남성보다 더 평화적이고 덜 이기적이고 돌보는 존재라고 하는 '이상적 여성상'은 여성을 사적영역에 속한 존재로 규정해왔다. 이 그린햄 커먼 여성운동은 이러한 가부장제적 여성상을 그대로 재현한다는 점에서 '페미니즘'과 연결될 수 없다고 보는 것이다. 반면, 여성이 지닌 생물학적 특성을 긍정적인 여성성으로 전이시키고자 하는 여성중심주의 페미니스트들은 이 운동이 자신들이 지향하는 방향이라고 본다.*

그린햄 커먼 여성 반핵운동과 페미니즘과의 관계에 대한 논의에서 볼 수 있듯이, 페미니즘을 간결하게 드러낼 수 있는 방식은 없다. 단지 '여성'이 주도한다고 해서 그것을 페미니즘이라고

---

* 이 문제에 대한 보다 자세한 논의는 다음의 자료를 참고하라. Alice Cook and Gwyn Kirk, *Greenham Women Everywhere*, Boston: South End Press, 1983.

단정할 수 없다는 말이다. 페미니즘은 여성의 '행위' 자체만이 아니라 '의식'consciousness이기 때문이다. 따라서 여성들이 모여서 어떤 시위를 한다고 해서 그것을 페미니스트 운동이라고 규정하는 것에는 문제가 있다. 페미니즘 안에도 다양한 입장이 있고, 페미니스트를 규정하는 데에도 각기 다른 방식이 있다는 것을 인지하는 것은 페미니즘을 이해하는 데 매우 중요하다. 한 가지 입장을 고정시켜서 절대화하는 오류를 범해서는 안 되기 때문이다.

6 페미니즘이란 도대체 무엇인가

이제까지 살펴보았듯이 '페미니즘'은 자명하거나 상식적으로 알 수 있는 것이 아니다. 어떤 정황에서, 어떠한 입장과 의식을 지니고 있는가에 따라서 페미니즘이라고 할 수도 있고, 그렇지 않을 수도 있다. 페미니즘의 종류가 다양하고, 페미니스트에게도 각기 다른 이해가 있지만 기본적인 페미니즘 의식의 출발점을 살펴보자.

무엇이 페미니즘이 아닌가: 페미니즘에 대한 오해

페미니즘에 대해 여러 가지 왜곡된 이해를 지닌 사람들의 대부분은 '무지의 자리'position of ignorance에 서 있다. 이들은 페미니즘에 관한 책을 읽지 않고, 그럴 생각조차 하지 않는다. 페미니즘을 이해하려는 최소한의 노력조차 하지 않는 것이다. 페미니즘은 모두 똑같다고 생각하며, 누구나 상식적으로 알 수 있다고 여기는 것이 바로 페미니즘에 대한 왜곡된 이해를 고정화하는 위치에 서 있는 사람들의 공통점이다. A라는 개념을 설명할 때, A 자체를 설명하기에 앞서 무엇이 A가 아닌지, 즉 'A는 B가 아니다'에서부터 시작하는 것은 A에 대해 사람들이 가질 수 있는 다양한 편견과 오해를 걷어내게 한다. 이 글에서는 페미니즘을 A라고 설정하고 페미니즘이 '아닌 것'이 무엇인가에 대해 살펴보자.

Key Ideas Box 3

무엇이 페미니즘이 아닌가: 페미니즘에 대한 오해

1. 페미니즘은 '하나'가 아니다.
2. 페미니즘은 '남성혐오'가 아니다.
3. 페미니즘은 '여성지배'를 추구하는 것이 아니다.
4. 페미니즘은 '여성우월'을 주장하는 것이 아니다.
5. 페미니즘은 '불평주의자'들이 하는 것이 아니다.
6. 페미니즘은 남성과 '경쟁'하는 것이 아니다.
7. 페미니즘은 모든 여성 또는 모든 남성이 '똑같다'고 주장하는 것이 아니다.
8. 페미니즘은 '복수의 정치'politics of revenge 또는 '반전의 정치'politics of reversal가 아니다.
9. 페미니즘은 '반反-가정'anti-family이 아니다.
10. 페미니즘은 '반反-종교'anti-religion가 아니다.

무엇이 페미니즘인가: 페미니즘의 다양한 정의

페미니즘이 '아닌 것'이 무엇인가를 먼저 살펴보았다. 이제 '페미니즘이 무엇인가'에 대한 매우 기본적인 시작점을 살펴보자. 어떤 양태의 페미니즘이든 페미니즘은 다음과 같은 기본적인 전제에서 출발한다. 즉, 여성은 그들의 생물학적 성sex 때문에 다양한 분야에서 차별받고 배제되고 있으며, 이러한 차별과 배제의 현실을 바꾸기 위해서는 구체적인 변화가 있어야 한다고 보는 전제다. 그 변화는 제도와 법을 바꾸는 '객관적 변화'이기도 하고, 사람들이 여성에 대해 가지고 있는 의식과 가치관이 바뀌는 '주관적 변화'를 의미하기도 한다.

여기에서 우리가 인지해야 할 것은 '객관적 변화'가 있다고 해서 '주관적 변화'가 자동적으로 보장되는 것은 아니라는 점이다. 총체적 변화는 이러한 두 차원의 변화가 함께 이루어져야 비로소 가능하다. 여성이 다양한 방식으로 차별과 배제를 받아왔다는 페미니즘의 기본 전제를 보면 페미니즘은 우선적으로 젠더 정의gender justice를 추구하며 모든 형태의 성차별과 억압을 종식시키고자 하는 이론이며 정치적 운동이라고 할 수 있다.

'페미니즘'이라고 불리는 이론과 운동을 포괄적으로 이해하기 위해서는, 인류 문명사에서 '지배와 종속'의 메커니즘이 어떻게 작동되어 왔는가에 대한 다층적 이해가 필요하다. 지배와 종속의 메커니즘은 인간을 '남자와 여자'라는 두 집단으로 분리하고 정치·경제·문화·종교·교육·예술 등 인간이 살아가는 데에 연계된 모든 분야에서 '남성의 여성지배'라는 가부장제적 남성중심주의를 '자연적인 것'으로 만들어왔다. 이러한 남성의 여성지배는 다양한 방식의 '지배 논리'logic of domination의 틀로서 확장되고 정당화된다. '우월한 그룹이나 개인은 열등한 이들을 지배해도 되며, 지배해야 한다'는 지배의 논리는 식민주의·인종차별주의·계층차별주의 등으로 확장된다.

그렇다면 '페미니즘'이라는 용어는 어떻게 등장하게 되었는가. '페미니즘'feminism, féminisme이라는 용어를 처음 사용한 사람은 샤를 푸리에François Marie Charles Fourier라는 프랑스 남성 철학자다. 그는 사회주의 사상가였으며 유토피아적 사회주의 창시자 가운데 한 사람으로, 1837년 '페미니즘'이라는 용어를 처음 쓴 사람으로 알려져 있다. 그는 여성에게도 모든 직업이 허용되어야 한다고 믿었고, 그 당시의 사회적 통념과는 달리 여성을 생물학적 집단이 아닌 한 '개별인'으로 보았다. 전통적인 결혼은 인간으로서의 여성의 권리를 침해한다고 보았으며 이런 신념에 따라 푸리에 자신은 한 번도 결혼을 하지 않았다. 동성애homosexuality라는 개념이 등장하기 이전에, 이미 그는 여성과 남성은 동성애same sex sexuality를 포함하여 다양한 성적 필요와 선호를 지니고 있으며 그러한 다양한 차이를 인정하는 것이 결국 사회적 통합을 확장한다고 주장했다.

그러나 푸리에가 처음부터 오늘날 현대인이 이해하고 있는 의미로 '페미니즘'이라는 단어를 사용한 것은 아니었다. 여기서 우리는 '페미니즘'이란 용어가 시대나 정황에 따라서 각기 다른 의미로 이해되어왔다는 사실을 주지할 필요가 있다. 페미니즘은 시대와 정황을 초월하는 고정된 개념이 아니라, 지속적으로 규정되고 재규정되어야 하는 이론이며 운동이기 때문이다.

문자적으로 보자면 푸리에가 쓴 '페미니즘'féminisme은 라틴어의 fēmina, 즉 '여성'woman이라는 단어에서 기원했다. 따라서 페미니즘의 문자적 의미는 '여성적이 되는 상태' 즉 생물학적인 '여성female의 자질'을 지칭하는 의미를 지닌 것으로서, 요즘 사람들이 사용하는 페미니즘처럼 정치적 입장을 담은 개념이 아니었다. 영어에서 페미니즘이란 단어는 1851년에 처음으로 등장했으며, 1895년에 비로소 '여성 권리의 지지'advocacy of women's rights라는 의미를 가지기 시작했다.

페미니즘은 초기에 이러한 의미로 쓰여졌지만, 현대에 사용하는 페미니즘은 다양하고 복합적인 의미로 쓰인다. 페미니즘을 포함한 모든 개념은 특정한 정황 속에서 사용되며, 그 정황에 따라 각기 다른 정의가 나올 수 있다. 따라서 '무엇이 페미니즘인가'라는 질문에는 다양한 답이 가능하다.

Key Ideas Box 4

무엇이 페미니즘인가: 페미니즘의 다양한 정의

1. 페미니즘은 여성의 위치를 변화시키려는 능동적 욕구다.

2. 페미니즘은 모든 성의 평등성에 근거하여 여성의 권리를 주장하는 운동이며 이론이다.
3. 페미니즘은 성차별주의와 성차별에 따른 착취와 억압을 종식시키고자 하는 운동이다.
4. 페미니즘은 남성과 여성의 정치·사회·경제적 평등성에 근거해 여성의 권리를 지지하는 것이다.
5. 페미니즘은 다중적 이슈를 관철시키고자 하는 운동으로, 거시적인 목적은 가부장제의 종식, 모든 여성의 정치·경제·사회적 평등을 성취하고 성차별주의, 인종차별주의, 동성애혐오, 계층차별주의, 나이차별주의, 장애차별주의, 폭력, 환경 착취로부터 자유로운 세계를 창출하는 것이다.
6. 페미니즘은 지역, 계층, 국적, 민족적 배경을 지닌 여성의 관심과 이익을 위한 정치적 표현이다. 다양한 여성의 각기 다른 필요와 관심에 부응하며 그 여성들에 의해 규정되는 것이기에 페미니즘들feminisms에는 다양성이 있고, 있어야만 한다.
7. 페미니즘은 여성도 인간이라는 급진적 사상이다.

대중적으로 널리 알려진 페미니즘의 정의, 그리고 내가 우선적으로 차용하는 광의의 페미니즘 개념은 '페미니즘은 여성도 인간이라는 급진적 사상'feminism is the radical notion that women are people이다. 이 말은 티셔츠, 컵 또는 범퍼 스티커로 제작되어 대중화되고 있다. 이 개념을 누가 처음으로 규정했는가에 대해서는 일치된 의견이 없다. 일반적으로는 『페미니스트 사전』*A Feminist Dictionary*

을 편집한 체리스 크라마래Cheris Kramarae와 파울라 트레이클러Paula Treichler로 알려졌으나, 실제로는 마리 쉬어Marie Shear가 「여성을 위한 새로운 방향」New Directions for Women이라는 페미니스트 뉴스레터의 1986년 5·6월호에서 사용했다.

그런데 '여성도 남성과 마찬가지로 인간'이라는 주장이 왜 '급진적'인가. 어찌 보면 너무나 상식적이고 당연한 주장을 하는 것 아닌가. 여기에서 우리는 도대체 '인간'임을 주장하는 것이 왜 급진적 개념이 되는가를 생각해보기에 앞서 한 '인간'으로 살아간다는 것은 구체적으로 무엇을 의미하는가를 생각해보아야 한다.

첫째, '여성도 인간이다'라는 의미가 단지 낭만적이고 추상적인 것이 아님을 명시해야 한다. '인간은 누구나 평등하다'는 주장이 단지 추상적인 주장일 때에 그것은 구체적 현실에서 아무런 의미를 지니지 못한다. 매우 구체적인 현실세계에서 그 주장이 무엇을 의미하는가를 들여다보아야 한다. 즉 한 인간으로 살아가기 위해서는 법적·사회문화적·생물학적·제도적 차원에서 모든 사람들이 평등한 대우와 위치를 지니고 있어야 한다. 또한 법이나 제도적 평등과 같이 '보이는 차원'에서만이 아니라, 가치관과 같이 '보이지 않는 차원'에서도 남성과 동등한 평등이 보장되어야 비로소 우리의 구체적인 일상세계에서 한 인간으로서의 평등, 자유, 권리를 동등하게 누리며 살아갈 수 있다.

둘째, 여성도 인간이라는 주장이 '급진적인 사상'인 이유는 무엇인가. '급진적'radical이라는 단어는 '뿌리로 간다'going to the root

는 의미를 지닌다. 페미니즘이 '여성도 인간'이라는 주장을 구체화하기 위해서는 가장 근원적인 문제와 인식에 이의제기를 하게 된다. 우리가 '자연스럽다'라고 생각하는 것에도 물음표를 붙이면서 '탈자연화'de-naturalization가 시작되며, 근원적인 물음, 즉 '뿌리물음'root question을 하기 시작하면서 페미니즘은 시작된다. 우리가 지금 당연하게 또는 자연스럽게 생각하는 것들에 대해 '왜'라는 물음표를 붙여보는 것이 바로 '뿌리물음'이라고 할 수 있다. 따라서 뿌리물음의 가장 중요한 기능은 '탈자연화'다.

그렇다면 구체적으로 '뿌리물음'은 무엇이며, 그것이 왜 중요한가. 예를 들어보자. 많은 사람들이 전통적으로 간호사는 여자, 의사는 남자의 직업이라고 생각했다. 그래서 어쩌다가 여자가 의사가 되겠다고 하면, 또는 남자가 간호사가 되겠다고 하면, 마치 '여자답지 못한' 또는 '남자답지 못한' 선택으로 여기곤 했다. 여자는 집안일, 남자는 바깥일은 하는 것이 자연스럽고 당연하다고 생각하는 사람들이 여전히 많다. 그래서인지 한국에서는 부인은 '안사람' 남편은 '바깥 사람·양반'이라는 호칭이 만연하다. 이렇게 무심히 쓰고 있는 일상용어는 사용하는 사람의 의도와 상관없이 그 용어가 담고 있는 가치를 '자연스러운 것'으로 만든다. 여자에게는 '여자의 일'이, 남자에게는 '남자의 일'이 정해져 있다고 보는 가치를 '자연화'하는 것이다. 이러한 '자연화'가생길 때 일어나는 현상은, 사람들이 더 이상 '왜'를 묻지 않게 된다는 것이다. 당연한 것이라고 생각하기 때문이다. 이른바 '남자답다' 또는 '여자답다'라고 할 때의 모든 것들은 자연화 과정을 거치면서, 마치 그것이 불변의 현상으로 당연시된다.

페미니즘은 이러한 '당연하고 자연스러운 것'에 물음표를 던지면서 시작된다. 왜 여자아이에게는 분홍색을, 남자아이에게는 파란색의 옷을 입히는가. 왜 여자아이에게는 소꿉장난감이나 인형을, 남자아이에게는 자동차나 총과 같은 무기를 장난감으로 주는가. 왜 여자에게는 '예쁘다' '상냥하다' '얌전하다'라고 말하고 남자에게는 '멋지다' '씩씩하다' '용감하다'라는 표현을 쓰는가. 이렇게 당연하게 여기는 현상에 '왜'라고 묻는 것은 우리의 일상적이고 상투적인 사유방식에 문제제기를 하는 것이다. 페미니즘은 이러한 '인습타파적' 기능을 지닌 '왜'라는 질문을 통해 자연스러운 것이라고 생각하던 것들을 '탈자연화'하기 시작한다.

Key Ideas Box 5

"페미니즘은 여성도 인간이라는 급진적 사상"의 의미

1. 여성도 인간이라는 것은 인간으로 살아감의 의미를 근원적으로 조명해야 함을 의미한다. 한 인간으로 살아가기 위해서는 법적·사회문화적·생물학적·제도적 차원에서 모든 사람이 평등한 대우와 위치를 지니고 있어야 한다. 또한 법이나 제도적 평등과 같이 '보이는 차원'에서만이 아니라, 가치관과 같이 '보이지 않는 차원'에서도 남성과 동등한 평등이 보장되어야 비로소 우리의 구체적인 일상세

계에서 한 인간으로서의 평등·자유·권리를 동등하게 누리며 살아갈 수 있다.

2. '급진적'radical이라는 의미는 '뿌리로 간다'going to the root는 의미다. 페미니즘이 '여성도 인간'이라는 주장을 구체화하기 위해서는 가장 근원적인 문제와 인식에 이의제기를 하게 된다. 우리가 '자연스럽다'라고 생각하는 것에도 물음표를 붙이면서 '탈자연화'가 시작된다. 근원적인 물음, 즉 '뿌리물음'root question을 하면서, 페미니즘은 시작된다. 우리가 지금 당연하게 또는 자연스럽게 생각하는 것들에 대해 '왜'라는 물음표를 붙여보는 것이 바로 '뿌리물음'이라고 할 수 있다. 따라서 뿌리물음의 가장 중요한 기능은 '탈자연화'de-naturalization다.

이러한 이해를 가지고 21세기의 페미니즘이 전개되는 다양한 정황과 목적을 보자면 페미니즘의 정의페미니즘은 여성도 인간이라는 급진적 사상는 현대 페미니즘의 출발점이다. 그러나 다양한 요소들이 교차되고 겹치는 현대인의 삶에서 이 정의는 확장되어야 한다. 페미니즘의 유일한 관심이 '생물학적 여성'이라면 페미니즘은 지극히 제한된 정황에만 개입할 수 있을 뿐이다. 인간의 생물학적 성에는 '남자-여자'만이 아니라 '간성'intersex도 있다. 따라서 페미니즘은 사회문화적 성인 젠더만이 아니라, '트랜스젠더'transgender 문제에도 개입할 수밖에 없다. 예를 들어서 간성인 사람이나 트랜스젠더인 사람을 '진짜 여성'의 '순수성'을 지니지 못했다고 하면서 페미니즘의 논의와 운동에서 배제시키고, 그들에 대한 차별 문제를 외면한다면, 다양한 존재방식의 '교차성' 문제를 외면하게 되는 것이다.

이러한 맥락에서 21세기 현대의 페미니즘은 페미니즘의 정의를 복합화하고 확장해야 한다. 나는 다음과 같이 21세기 페미니즘을 정의한다. "페미니즘은 여성도 인간이라는 급진적 사상에서 출발했다. 그러나 페미니즘의 도착점은 여성만이 아니라 '모든 사람'이 인간이라는 급진적 사상이어야 한다." 이러한 페미니즘에 대한 포괄적이고 복합적인 정의를 가지고 구체적이고 특정한 정황에 개입하는 것이 21세기 페미니즘의 과제이며 책임이다.

Key Ideas Box 6

21세기 페미니즘의 정의: 출발점과 도착점

페미니즘은 '여성도 인간이라는 급진적 사상'에서 출발했다. 그러나 페미니즘의 도착점은 여성만이 아니라, 젠더·인종·계층·성적 지향·장애·국적·종교와 상관없이 '모든' 사람이 인간이라는 급진적 사상이어야 한다.

두 번째 질문

성차별이란
무엇인가

1 성차별에 대한 인식
'클릭 경험'과 '그래-그래 경험'

성차별의 문자적 의미는 생물학적 성에 근거한 차별이다. 즉, 문자적으로 보면 성차별은 여자, 남자, 그리고 이러한 전통적인 두 종류의 성의 특성을 한 사람이 모두 가진 '간성' 등 모든 사람에게 가해질 수 있는 차별이다. 그런데 인류 역사에서 성차별의 주된 대상은 여자였다는 것을 부인하기 어렵다. '성차별주의' sexism라는 개념은 1965년 폴라인 리트Pauline M. Leet가 미국 펜실베이니아주에 있는 프랭클린과 마셜 대학교Franklin and Marshall College에서 열린 '학생-교수 포럼'에서 처음 사용했다고 한다. 이 개념이 대중적으로 알려지기 시작한 것은, 1968년 출간된 잡지 『오늘의 담화』 *Vital Speeches of the Day*에 실린 버드Caroline Bird의 「여자로 태어난다는 것에 대해」On Being Born Female라는 글을 통해서다.*

성차별이 무엇인가는 자명한 것 같지만, 그렇지 않다. 누구에게는 분명하게 보이는 차별도 그것을 차별로 보지 못하는 경우

---

* Caroline Bird, "Born Female," *Vital Speeches of the Day*, New York: Pocket, 1975.

가 많기 때문이다. 차별에 대한 판단은 그 사람의 인식의 정도에 따라 달라진다. 예를 들어보자. TV에 어느 특별한 대담 장면이 나온다. 그런데 대담자 모두가 남성이다. 이 장면을 보면서, 프로그램을 구성하는 과정에 성차별이 작동되었다는 것을 인지하는 사람들이 있다. 그러나 성차별이 반영되고 있다고 인지하지 못하는 사람이 다수다.

성차별의 양상과 범주, 그리고 작동되는 방식은 다양한 정황에 따라 모습이 다르다. 성차별이 무엇인가에 대한 인식은 자신이 성차별의 복합성을 학습함으로써 확장된다.『누가 페미니즘을 훔치는가』Who Stole Feminism?*의 저자인 크리스티나 호프 소머스 Christina Hoff Sommers는 차별에 대한 인지확장의 경험을 '클릭 경험' click experience이라고 표현한다. '클릭 경험'은 개인적 차원에서 매우 중요한 인지 확장의 경험이다. 자신이 차별을 받아왔다는 사실에 대해 '아하!' 하고 이해하게 되는 돌연한 자각의 순간, 그 '아하의 순간'aha! moment에, 나는 나에게 일어난 지극히 개인적인 것 같은 사건이 실제로는 복합적인 사회정치적 정황에서 특정한 가치관에 의해 작동되어 왔다는 것을 알게 된다.

자신이 당연한 것으로 생각하며 살고 경험해온 것들이 사실은 우리 사회에 오랜 시간에 걸쳐 존재한 '차별'이었다는 것을 알게 되면서 두 가지로 반응할 수 있다. 첫째, 오랜 시간 지속된 단

---

* Christina Hoff Sommers, *Who Stole Feminism?: How Women Have Betrayed Women*, New York: Touchstone, 1994.

단한 차별 구조를 바꾸는 것은 불가능하다는 생각으로 절망과 낙담의 자리로 돌아가는 경우다. 이미 굳어진 차별구조를 바꾸는 변화에 대한 가능성을 보지 못했기 때문이다. 둘째, '아하의 경험'을 통해 자신의 삶은 물론 많은 여성에게 차별이 다양하게 작용해왔다는 것을 알게 되면서, 주체적 의식을 가지고 작은 변화라도 만들겠다는 결단을 하게 되는 경우다.

이러한 '아하의 순간' 또는 '아하의 경험'을 다른 사람들과 나누게 될 때, '그래-그래 경험'yeah-yeah experience이 일어난다. 즉, 차별과 배제의 경험이 '나'에게만 있었던 것이 아니라 다른 많은 '너'들에게도 일어났다는 사실을 알게 되면서 가지게 되는 '그래-그래 경험'은 변화를 모색하기 위한 과정에서 연대를 구성하는 정치적 장으로 전이될 수 있다.

여성운동만이 아니라 노동운동, 인권운동 등 사회적 소수자들의 변혁운동은 차별의 희생자들이 인지를 확장하기 위한 의식화 과정을 반드시 필요로 한다. 다양한 사회변혁을 위해서는 '무엇'을 변혁시켜야 하는가를 인지하는 것이 필요하기 때문이다. 그러기 위해서 차별의 양태, 범주 등을 보는 '의식화'consciousness raising를 위한 자발적 학습과정은 필연 조건이 된다. 여타의 변혁운동에 그 변혁의 범주와 내용을 분명하게 알기 위한 이론들을 치열하게 학습하는 의식화 과정이 결여된다면, 그 운동은 자신은 물론 다른 사람을 설득할 힘을 가지지 못한다. 변혁운동의 지속성과 확장성을 확보하지 못한다는 뜻이다. 다양한 의식화 과정을 통해 '아하의 경험'과 '그래-그래의 경험'이 가능하게 되며, 이 두 차원의 경험은 이론과 운동으로서의 페미니즘의 확산에 중요한 동력을 확보하게 한다.

Key Ideas Box 7

섹스, 간성, 젠더, 트랜스젠더, 시스젠더

섹스sex는 생물학적 성으로서 인간을 여자female와 남자male로 구분한다. 그런데 인류는 두 종류의 생물학적 성으로만 구분되지 않는다.

간성intersex은 한 사람이 여자와 남자의 생식기를 모두 가지고 있거나 또는 염색체는 여자인데 생식기는 남자, 반대로 염색체는 남자인데 생식기는 여자로 태어나는 이른바 '제3의 성'third sex을 지칭한다. 전통적으로 남자와 여자, 두 종류의 생물학적 성만 있다고 보는 이해가 오류임을 나타낸다.

젠더gender는 생물학적 구분이 아닌, 사회문화적 구분으로서의 성별이다. 이른바 '여성다움'과 '남성다움'이 생물학적으로 구성되는 것이 아니라, 사회문화적으로 형성된다는 점을 강조하기 위한 개념이며, 남성man과 여성woman이라고 표기한다. 아기가 태어났을 때, '여자' 또는 '남자'아이라고 하지 '여성/남성'이 태어났다고 하지 않는 이유다.

트랜스젠더transgender는 태어날 때 지정된 생물학적 성정체성assigned sex identity과 사회적 성정체성gender identity이 다른 사람들을 지칭한다. 태어날 때 '여자' 또는 '남자'라고 규정되지만, '남성' 또는 '여성'으로서의 정체성이 더 맞는다고 생각하여 자신이 지향하는 젠더로 변경하는 경우다. 트랜스젠더와 반대되는 개념은 '시스젠더'cisgender로서 생물학적으로 부여된 성과 사회문화적 젠더가 일치하는 사람을 일컫는다. 시스남성cisman과 트랜스맨transman 또는 시스여성ciswoman과 트랜스우먼transwoman으로 자신의 젠더 정체성을 표현하는 영어표현이 점차로 대중화되고 있다.

간성이 생물학적 개념으로 '제3의 성'이라면, 트랜스젠더는 사회문화적 성별로서 '제3의 젠더'third gender라고 간주된다.

2 차별을 부정하는 네 가지 방식

사람들은 어떠한 방식으로 차별이 존재한다는 것을 보지 못하거나 부정하는가. 급진적 페미니즘 철학자이자 신학자인 메리 데일리Mary Daly는 『하나님 아버지를 넘어서』*Beyond God the Father*라는 책에서 사람들이 차별이 있다는 것을 부정하는 네 가지 방식을 소개한다.* 그런데 이 네 가지 방식은 성차별만이 아니라, 인종차별, 성소수자차별, 장애차별 등과 같은 다양한 차별의 정황에서 적용될 수 있다.

첫째, 사소화trivialization의 방식이다. 여성에 대한 차별 또는 인종·성적 지향·장애·계층 등 다양한 근거에서 차별에 대한 문제제기를 할 때에, 그것은 '사소한 것'이라고 부정한다. '대의大義를 위해서 소의小義를 희생'한다거나 또는 전쟁·환경·통일 문제 등 '더 중요한 것'이 있으니, 성차별같이 '사소한 문제'는 덮으라고 한다. 사소화는 의도적인 경우도 있지만, 차별의 의미에 대한

---

* Mary Daly, *Beyond God the Father: Toward a Philosophy of Women's Liberation*, Boston: Beacon Press, 1993, pp.4-6.

복합적인 인지가 결여되었을 때도 일어난다. 한국에서 회자되던 '선先통일 후後여권'은 성차별을 사소한 것이나 부차적인 것으로 보는 시각을 담고 있다.

둘째, 특수화particularization의 방식이다. 가부장제적 남성중심주의로 인한 성차별 문제는 매우 '특수한' 경우에만 나타나는 것이라고 보는 것이다. 중동이나 아프리카와 같이 '미개한' 사회에서만 일어난다고 보든지, 또는 여성에게 신부 서품이나 목사 안수를 허용하지 않는 '보수적'인 종교들에서만 일어난다고 하면서 다양한 얼굴의 차별 문제를 보지 않으려 한다. 21세기에 성차별은 더 이상 존재하지 않는다고 하면서, 어떤 '특별한' 정황에서만 일어나는 것이라며 성차별 문제를 부정한다.

셋째, 보편화universalization의 방식이다. 이 방식은 '여성에 대한 차별'이라는 구체적인 문제에는 개입하지 않고, 인류보편의 문제로 치부하는 경우다. 예를 들어서 널리 사용되는 모토인 '여성의 문제는 인간의 문제다'women's issues are human issues를 생각해보자. 이 모토는 페미니즘 운동 내에서도 사용하는 것이다. 그런데 주의할 점이 있다. 동일한 모토라도 '누가' '무엇을 위하여' 그 주장을 하는가에 따라서 그 의미, 기능, 그리고 결과가 달라진다는 점이다. 성차별의 문제를 제기하고자 하는 정황에서 '여성의 문제는 인간의 문제'라고 강조할 때가 있다. 이런 경우 성차별 문제는 여성만을 위한 것이 아니고 결국 여성 차별 문제는 인류의 차별 문제로 연결되는 것으로서 다양한 차별과도 연결되어 있음을 강조하는 의미로 사용된다. 반면, '여성문제는 인간의 문제'라는 주장을 페미니스트 의식이 없는 사람들이 사용하게 될 때는, '허위보편주의'의 옷을 입을 뿐, 구체적인 정황에서의 차별 문제에는 개입하지 않는 기능을 하게 된다. 보편화를 통한 구체적인 정황에서의 특정한 차별 문제에 관심을 두지 않는 것이다. 예를 들어서, 폭력을 행사하는 남성에 대한 비판적 문제제기를 할 때, '인간은 모두 죄인'이라는 보편주의적 서사를 동원하여, 구체적인 차별 정황에 무관심한 태도를 드러내는 것이다. 보편주의를 가장한 무관심은 노골적인 차별과 혐오보다 어떤 경우에는 더욱 위험하다. 왜냐하면 노골적인 차별은 분명히 드러나지만, 허위보편주의는 '반쪽-진리'를 담고 있어서 나머지 반쪽의 문제점을 보기 어렵게 만들기 때문이다. 페미니즘이 '보편적'이라는 거시적 정황과 '특정하고' 구체적인 차별이라는 미시적 정황 사이를 비판적으로 오가며 구성되어야 하는 이유다.

넷째, 영성화spiritualization의 방식이다. 이 방식은 주로 종교집단 안에서 이루어지곤 한다. 예를 들어서 신은 인간을 모두 평등하게 창조했지만 남자와 여자의 역할이 다르다는 주장이다. 이는 전형적인 '영성화'의 예다. 그렇다고 해서 "영적으로 모두 평등하지만, 여성과 남성이 해야 하는 역할이 다른 것"equal but different이라는 말은 기독교에서만 회자되는 것은 아니다. 여성과 남성의 생물학적 '차이'difference를 사회·정치·문화·종교·가정 내에서의 '차별'을 정당화하는 서사로 사용되는 경우로도 나타난다. 우리는 '정신적·영적'으로 모두 평등하지만, 생물학적으로 다르기 때문에 구체적으로 수행하는 역할이 다른 것일 뿐이지 그것이 '차별'은 아니라고 보는 것이다. 여성이 목사나 사제로 일하는 것을 금하는 교회들이 차용하는 것은 이처럼 '영적으로는 평등하지만 역할이 다르다'는 주장이다. 여자는 '집 안'인 사적영역에서, 남자는 '집 밖'인 공적영역에서의 역할을 수행하는 것은 신이 내린 질서라고 말한다. 따라서 이러한 역할 분담은 적절한 것이며, 여자와 남자 사이에는 본질적인 역할규정이 다를 수밖에 없다는 주장을 하게 된다.

사람들은 이렇게 네 가지 방식을 통해 성차별 문제를 중요하게 보지 않으려고 하거나, 성차별 문제의 존재 자체를 부정한다. 이러한 네 가지 방식은 남성만이 아니라 여성에 의해서도 사용되곤 한다. 여성도 가부장제의 가치를 내면화하기 때문이다. 이것은 성차별 문제에 대한 인식을 확장하는 '차별인지교육'이 사적영역이나 공적영역에서 다양한 방식으로 진행되어야 하는 이유다.

3 성차별과 다양한 차별들의 유사성과 상이성

지배의 논리

성차별이라는 용어는 지금 널리 회자되고 있지만, 과연 무엇이 성차별인가를 구체적으로 들여다보는 것은 쉬운 일이 아니다. 노골적인 차별만이 아니라, 암묵적이고 보이지 않지만 강력하게 영향을 미치는 차별들이 도처에 다양한 얼굴로 존재하기 때문이다. 따라서 성차별이 무엇인가에 대한 비판적 조명과 인지는 페미니즘을 이해하는 데에 필수다. 성차별의 정의를 간결하게 하자면, '성sex에 근거한 차별'이다. 즉 성차별은 한 사람의 성에 근거한 차별적인 태도, 행동, 정책 등을 말한다. 개념적으로 보자면, 성차별은 남성과 여성이 모두 경험할 수 있는 차별, 배제, 억압의 경험이라고 할 수 있다. 또한 개인, 집단, 그리고 제도적으로 일어나고 경험될 수 있다. 이러한 성차별에 대한 원론적 개념에서는 어느 성이 '우선적 피해자'인지는 드러나지 않는다.

성차별은 구체적인 정황들에서 다양한 모습으로 진행되어

온 가장 오래된 차별 양태라고 할 수 있다. 페미니즘에서 논의되는 다양한 성차별의 사례를 보면, 인류 역사에서 성차별의 '우선적 피해자'는 여성이다. 그렇다고 해서 성차별이 여성에게만 문제가 되며 남성에게는 전혀 영향을 미치지 않는다고 보는 시각은 위험하다. 남성과 여성의 삶은 흑과 백으로 완전히 분리할 수 있는 것이 아니기 때문이다. 다양한 연구에 따르면 성차별적 사회에서 남성 역시 왜곡된 삶을 살아갈 수밖에 없는 정황에 놓여 있다. 여기에서 '제2의 성차별'the second sexism이라는 개념이 등장한다. '제2의 성차별'에 대해서는 이 책의 「다섯 번째 질문: 남성과 페미니즘은 어떤 관계인가」에서 보다 상세하게 다룰 것이다.

차별의 종류는 참으로 많다. 그 가운데 성차별, 인종차별, 계층차별 이 세 가지는 전통적으로 가장 많이 논의되는 대표적인 차별이다. 그러나 최근에는 차별을 판단하는 기준점이 더욱 확장되었다. 나이차별주의ageism, 장애차별주의ableism, 이성애에 근거하여 성적 지향에 따른 차별heterosexism, 외모차별주의lookism 등 다양한 종류의 차별이 등장했다. 이런 다양한 차별은 새로 생긴 종류가 아니다. 이미 오래전부터 존재해왔지만 인지하지 못했던 것이며 이제야 비로소 차별에 대한 복합적인 인지가 확장되었음을 보여주는 현상이다. 인간의 권리와 평등, 그리고 차별에 대한 인지가 확장된 사회일수록 다양한 종류의 차별이 사회 전체의 공공 주제가 된다.

그런데 성차별이 다른 종류의 차별들과 가지는 유사성과 상이성이 있다. 유사성은 모든 종류의 차별은 '지배의 논리'logic of domination에 의해 작동된다는 점이다. 지배의 논리는 이분법적 사유방식에 의해 구성된다. 이분법적 사유방식은 모든 것을 두 그룹으로 나누어, 한쪽은 우월한 것으로, 또 다른 한쪽은 열등한 것으로 규정한다. 예를 들어보자.

Key Ideas Box 8

이분법적 사유방식과 지배의 논리

우월	열등
남자	여자
문화	자연
아버지	어머니
남편	부인
어른	아이
이성	감성
정신	육체
백인	비백인
비장애인	장애인
이성애자	동성애자·성소수자LGBTQ
부자	가난한 자
제1세계	제3세계

앞의 도표에 나타낸 이분법적 사유방식은 두 축의 각기 다른 '차이'를 드러내는 것에서 멈추지 않고, 양 축에 대한 가치판단을 담고 있다. 왼쪽은 우월한 것으로, 오른쪽은 열등한 것으로 간주한다. 이를 통해 우월한 쪽이 열등한 쪽을 계몽시키고 지배해야 한다는 '지배의 논리'를 자연스러운 것으로 만든다. 이러한 이분법적 사유방식에 의한 지배의 논리는 점차적으로 다양한 차별과 억압을 정당화한다. 개별인들 간의 관계, 집단 간의 관계, 국가 간의 관계로까지 확장되면서 '지배와 종속'이라는 메커니즘을 작동시킨다. 지배-종속의 메커니즘은 정치적 식민주의만이 아니라, 다양한 얼굴의 보이지 않는 식민주의 이데올로기를 정당화하기도 했다.

이분법적 사유방식에 의해 구성되고, 정당화되고, 유지되는 '지배의 논리'는 일상세계의 모든 영역에서 작동하면서 다양한 방식의 '지배와 종속' 구조를 생산·재생산한다. 그것은 성차별주의, 남성중심주의, 인간중심주의, 서구중심주의, 백인중심주의, 이성애중심주의, 비장애중심주의, 계층차별주의, 인종차별주의, 동성애차별주의 등 다양한 얼굴의 지배와 종속의 가치구조와 사유방식 속에서 작동되어왔다. 결국 이것은 '지배의 이즘들'isms of domination*이 된다. 여기에서 '이즘들'isms이라는 표현은 물론 영

---

* Karen Warren, "The Power and the Promise of Ecological Feminism," in Karen Warren, ed., *Ecological Feminist Philosophies*, Indianapolis: IN: Indianapolis University Press, 1996, p.21.

어식 표현이다. 다양한 차별과 억압을 드러내는 개념들이 영어에 잘 담겨 있기에 페미니즘을 영어 단어 그대로 사용하는 것처럼, 이러한 '이즘들' 역시 그대로 사용할 수 있다.

이러한 '지배의 이즘들'은 다음과 같은 몇 가지 억압적 개념의 틀 안에서 구성된다. 첫째, 가치 위계적value-hierarchical이다. 이러한 위계주의는 표의 왼쪽 항에 있는 것들남자, 문화, 아버지, 남편, 어른, 이성, 정신, 백인, 비장애인, 이성애자, 부자, 제1세계은 우월한 것으로, 오른쪽 항에 있는 것들여자, 자연, 어머니, 부인, 아이, 감성, 육체, 비백인, 장애인, 동성애자, 가난한 자, 제3세계은 열등한 것으로 생각하는 사유방식이다. '우월'과 '열등'의 위계주의를 매우 '자연스러운 것'으로 받아들인다. 이에 따르면 남성은 여성보다 '위'에 있는 존재, 여성은 '아래'에 있는 존재가 된다.

둘째, 대립적oppositional이며 상호배타적이다. 남성과 여성의 관계는 대립적이며 둘 사이의 평등한 상호성은 부재하다. 여성과 남성의 생물학적 '차이'difference는 사회·정치·종교·경제적 차별을 자연스러운 것으로 만들면서 정당화된다. 사람들은 여자와 남자는 "평등하지만 다르다"equal but different는 서사를 이용하면서 차별을 옹호하는 것이다. 이것은 '반쪽 진리'의 위험성을 드러내는 예다. 전체가 틀리면 그 오류가 쉽게 포착되는데, 반쪽은 맞기에 대부분의 사람들은 문제점을 보기 더 힘들다.

셋째, 사회위계적 구조의 상부에 있는 이들은 권력과 특권을 자신들에게 유리한 방식으로 이해한다. 예를 들어서 경제적으로 가난한 사람은 윤리적·존재론적으로도 열등한 사람들이며, 그들의 가난한 경제적 상황은 단지 그들의 노력이 부족했기 때문이라고 생각하는 것이다. '동등한 기회'는 누구에게나 주어졌다고 말하면서, 가난한 사람들이 겪는 구조적 불리함을 외면한다.

넷째, 이러한 '지배의 이즘들'은 '지배의 논리'에 의해 작동된다. 지배의 논리는 '우월한 사람/집단은 열등한 사람/집단을 지배하는 것'에 도덕적 정당성을 부여한다.

이렇듯 성차별은 '가부장제적 남성중심주의'에 의해 일어나고, '지배의 이즘들'에 따라 유지되는 가장 오래되고 보편적이면서도 전형적인 차별주의다.

성차별의 독특성

그렇다면 성차별이 다른 종류의 차별들_{인종차별, 계층차별 등}과 구별되는 상이성은 무엇일까. 분명한 상이성 중의 하나는 성차별이 행사되고 경험되는 공간이다. 즉, 대부분 공적영역에서 경험되는 다른 차별과는 달리, 성차별은 공적영역만이 아니라, 사적영역에서도 행사되고 경험된다는 점이다. 성차별은 "개인의 침실에서부터 세계 권력의 집중지라고 하는 백악관까지 존재한다"는 말이 있다. 성차별은 직업에 상관없이 '모든' 여성들이 각기 다른 정황에서 경험하는 가장 광범위한 차별이다. 예를 들어, 사적영역인 가족관계에서는 가족끼리 서로를 향해 인종이나 경제사회적 빈민층이라고 차별하지는 않는다. 그러나 성차별은 가능하다. 즉 인종차별이나 계층차별은 주로 공적영역에서만 경험되나, 성차별은 공적영역은 물론 같은 가족끼리라도 남편-부인, 아들-딸, 친척, 친구, 연인관계 등 다층적인 가족관계나 친밀한 사적영역에서도 벌어지는 차별이다.

Key Ideas Box 9

9가지 종류의 차별

성차별sexism과 **트랜스섹시즘**transsexism

성sex에 근거한 차별. 문자적으로는 남성이나 여성에게 모두 적용될 수 있는 차별이다. 그러나 인류 역사에서 성차별의 행사자는 주로 남성, 피해자는 여성이었다. 근래에는 남성과 여성만이 아니라 트랜스젠더에 대한 차별도 논의의 대상으로 등장하여 '트랜스섹시즘'이라는 새로운 차별 용어도 등장했다.

인종차별racism

인종에 근거한 차별로써 인종 간에 우월한 인종과 열등한 인종으로 분류되어 위계가 설정되면서 차별이 진행된다. 세계의 거시적 정황에서 보자면 백인-비백인 간의 위계구조에 의한 차별이 주를 이룬다. 그런데 미시적 정황에서 보자면 인종차별은 매우 복합적인 양상을 이룬다. 한국사회의 경우, 백인은 우대하지만 이른바 경제적 약국에서 온 인종에 대한 차별은 매우 심각하다. 이 점에서 인종차별에 대한 조명은 미시적-거시적 접근이 동시적으로 요청된다.

계층차별classism

사회적 계층에 근거한 차별로써 경제적 조건에 따라 사람의 우열을 나누고, 위계에 따라 차별한다. 한국사회에 등장한 '흙수저·은수저·금수저'라는 신조어는 새로운 방식의 계층차별의식을 반영한다고 할 수 있다. 계층차별은 중상층이 윤리적 우월성을 지니는 것으로 간주하는 윤리적 위계주의와 연결되기도 한다.

장애차별ableism

육체적 또는 정신적 장애 여부에 따른 차별이다. 영어로 '장애차별주의'ableism라는 단어는 1985년 이후 등장했다. 장애가 있는 사람은 없는 사람보다 열등한 존재로 간주되고, 다층적 차별과 편견을 작동시키는 가치관과 제도를 말한다. 나치 독일에서 1939년부터 1941년까지 약 7만 명의 장애인 여성·남성·아동들이 학살되었으며, 1945년까지 20만 명의 장애인들이 더 학살되었다. 히틀러 집권하의 장애인에 대한 노골적 학살은 장애차별의 대표적인 예다.

나이차별ageism

나이에 근거한 차별로써 정황에 따라서 나이가 많거나 반대로 나이가 적어서 차별이 일어나기도 한다. 유교적 윤리인 '장유유서'長幼有序는 '한국문화의 미덕'이라고 간주하는 사회에서 나이에 의한 차별은 다양한 층에서 벌어지고 있다. 나이가 많다는 것이 사회에서 무용한 존재로 간주되기도 하고, 나이가 적다는 것 때문에 그 사람의 의견이나 지도력이 무시되기도 한다.

외모차별lookism

외모에 근거한 차별로써 사회적으로 규정한 '미'美의 기준키가 크고 낯설고 피부가 하얀 것 등에 맞는 사람들은 우대하고, 기준에 맞지 않는 사람들은 비하하고 차별하는 것이다. 외모차별주의는 특히 여성을 다이어트와 성형에 의존하게 하며, '자본으로서의 육체'body as capital라는 가치를 확산하게 한다. 여성이 섹시한 몸을 만드는 것이 사회적·재정적·문화적 이득을 창출하는 자본의 의미를 지닌다는 것이다. 남성의 몸 역시 점차 자본의 구조로 이해되면서, 보디빌딩body building이 새로운 형태의 자기 개발과 이익 증진으로 이해되고 있다.

종교차별religious discrimination

종교에 근거한 차별이다. 세계적 정황에서 보면 주로 기독교를 가장 '우월한 종교'로 간주하면서 이슬람과 같은 다른 종교에 대한 차별과 탄압을 하는 것이다. 기독교의 이슬람차별로 '이슬람혐오'Islamophobia라는 단어까지 등장하게 되었다. 이슬람교도가 소수인 한국사회에서는 기독교인들이 이슬람 예배당을 파괴한다든지 하면서 기독교가 아닌 타종교 혐오는 극단적 형태를 지닌다. 반대로 기독교가 아닌 종교인들이 기독교에 대한 노골적 혐오를 가시화한 경우는 드물다.

자연차별naturism

인간의 자연에 대한 차별로써 인간중심주의anthropocentrism에 근거해 자연을 인간보다 열등한 것으로 간주하면서 자연을 지배하고 정복하는 대상으로 보는 시각에서 나온 차별이다. 에코 페미니스트ecofeminist들은 '인간중심주의'를 구체적으로 하면 '남성중심주의'androcentrism라고 본다. 그래서 인간의 자연차별과 남성의 여성차별은 '쌍둥이 억압'twin oppression이라고 강조한다.

4 성차별의 종류

개인적 차별과 제도적 차별

차별은 크게 보자면 사람 간에 일어나는 차별interpersonal sexism 과 조직과 제도를 통해서 벌어지는 제도적 차별institutional sexism이 있다. 첫째, 개인적 차별은 여성에 대한 고정관념에서 시작된다. 흑인, 여성, 이슬람교도, 이주민 등 어떤 특정한 집단에 대한 부정적 고정관념은 그 집단에 속한 사람들에 대한 '억압'의 출발점이다. 고정관념은 한 사람의 '개별성'을 억누르고, 젠더, 인종, 종교, 시민권 등에 근거한 '일반성'만으로 사람을 규정하기 때문이다.

이런 경우 고정관념은 하나의 '감옥'으로 기능한다. 여성에 대한 고정관념은 여성을 대상화시킨다. '대상화된 여성'은 인격을 지닌 한 고유한 인간이 아니라, '여성'이라는 집단 속에서만 이해된다. 현실세계의 다양한 공간, 즉 가정, 회사, 학교, 종교 공동체 등에서 여성은 특정한 방식으로 행동하고, 말하고, 관계하도록 기대된다. 이러한 사회적 '기대치'에 들어맞지 않는 여성은 '여자답지 않은 비여성unwoman'이다. 여성에 대한 음담패설, 포르노그라피, 광고 등은 여성을 '생물학적 몸'과 연결된 존재만으로 부각하고 있다.

개인이 지닌 여성에 대한 차별적 인식은 사람들의 의식과 무의식 속에 여성에 대한 고정관념을 '자연적인 것'으로 만든다. 이러한 '자연화'의 문제는 '왜'라는 물음표를 박탈한다. 예를 들어 여자는 '여자답게' 고분고분해야 하고, 순종적이어야 하며, 남자는 '남자답게' 강하고, 용감해야 한다는 생각은 이러한 여성적 또는 남성적 품성이 '자연적인 것'이라고 생각하기 때문이다. '자연적인 것'이 되어버린 것에 대해서는 '왜 그래야 하는가?'라는 근원적인 물음을 던질 수 없다. 여자와 남자의 생물학적 '차이'가 여성과 남성의 사회정치적 '차별'로 매우 '자연스럽게' 이어지게 된다. 이러한 차별적 인식에서는 아무리 전문직 여성이라도, '어쨌든 여자'라는 식으로 보게 되며, 그 여성의 직업이나 전문가로서의 활동은 남성과는 달리 '부차적인 것'으로 간주한다. 여기에서 '여자-남자'는 생물학적 성의 구분이며, '여성-남성'은 사회문화적 성인 젠더를 의미한다. 생물학적 차이가 사회정치적 차별을 정당화하는 근거로 차용될 때, 그 과정은 마치 '자연적인 것'으로 포장된다.

가부장제 사회에서 오랫동안 이어져 온 이러한 성차별적 관점에서 보자면, 여성에게는 '여자다움'이 가장 중요하며, 그 '여자다움'을 구성하는 중요한 측면은 여성의 '육체'다. '외모차별주의'

라는 새로운 용어가 등장하게 된 것은 바로 여성의 몸이 그 여성을 평가하는 우선적 잣대로 적용되는 현실을 드러내고 있다. 불황을 모르는 다이어트 산업과 성형외과는 여성들의 '육체'가 중요한 이익을 생산하는 '자본'이 되고 있는 현실을 반영한다. '자본으로서의 육체'body as capital란 그 육체를 통해서 결혼, 취업, 승진, 또는 사회적 관계에서 이득을 극대화하는 자본이 된다는 의미다. 표면적으로 보면 여성이 '자발적으로' 다이어트를 하고 성형수술을 하는 것으로 보인다. 그러나 그것은 사회적으로 '강요된 자발성'이라는 점에서 문제가 심각하다.

남성중심적 가부장제 사회에서 여성의 가치는 한 인간으로서의 가치가 아니다. 몸매나 키와 같은 생물학적 요소들에 의해 규정된다. 이러한 맥락에서 여자의 가치를 높이는 것은 '창의력'이 아니다. 생물학적 여자의 가치는 남자에게 성적 즐거움을 줄 수 있는 이른바 '섹스어필'이다. 동시에 그 몸이 수행하는 임신, 출산, 양육이며 가정에서 모든 가족 구성원을 위한 돌봄 노동의 전담자로서의 기능이다. 이러한 생물학적 기능이 여성에 대한 우선적 평가 기준으로 작동한다. 여성을 한 인간으로 보지 않고, '여자'로만 보는 시각은 여성에 대한 차별을 '자연화'하게 된다. '여자'라는 생물학적 구분에 근거한 여성에 대한 인식이 '자연스럽게' 생물학적 범주를 넘어서는 사회정치적 공간으로까지 이어지면서, 차이가 차별을 자연화하는 근거가 된다.

자연화된 차별의식이 확산되면, 남성이 가정이나 사회에서 여성을 향해 육체적 폭력과 성폭력을 행사하는 행위가 남자다움의 한 양식으로 이해된다. 한국사회에서 카톡방을 통해서 확산되고 있는 여성에 대한 성폭력 영상이나 여성비하의 언어폭력은 사회와 계층을 막론하고 자연스러운 '남자다움'으로 간주되곤 한다. 현실세계의 다양한 공간, 즉 가정·회사·학교·종교 공동체 등에서 여성은 남성보다 열등한 존재로 간주되며, 여성의 역할은 가사와 양육을 통해서만 규정된다. 여성을 비하하는 농담들, 미디어에서 여성의 성 상품화를 통해서 재현되는 여성은 인격을 지닌 개별적 존재가 아니다.

둘째, 제도적 차별은 제도 자체가 성sex에 근거한 차별을 담고 있는 경우다. 개인적 차별과 달리 제도적 차별은 개별인들의 직접적인 개입이 드러나지 않는 경우가 많다. 제도적 차별은 한 사회의 다양한 집단에서 정한 규정, 법령, 또는 고정관념과 편견 등으로 인한 직·간접적 차별을 말한다. 개별인들은 제도 속에 들어가서 피동적으로 그 제도적 규율을 따르기에 개인적 가책이나 변화의 요구를 직접적으로 생각하게 되지 않는다. 21세기에 들어선 현재 표면적으로 노골적인 차별은 사라진 듯하다. 그러나 국가·기업·학교·군대·종교단체 등 다양한 곳에서 젠더에 기반한 차별이 작동되고 있다.

예를 들어서, 여성이 자신의 재생산권에 대한 주체적 결단을 할 수 없도록 국가가 법으로 인공유산을 '낙태죄'라고 명명할 때, 이미 여성에 대한 성차별은 진행된다. 임신 과정은 남자와 여자가 함께하지만 임신에 대한 책임적 결단의 과정에서 남자는 사라진다. 여성이 인공유산을 하는 것을 '낙태죄'라고 명명하는 것은 이미 임신중지의 행위를 '죄'라고 범죄화하는 것이다. 만약 인공유산 행위가 죄로 규정된다면 그 임신에 동일한 역할을 한 남성도 죄의 대상이 되어야 한다. 인공유산을 하고자 하는 여성과 시술자인 의사에게만 '낙태죄'라는 죄목을 붙임으로써 범죄화하는 것은 여성에 대한 제도적 차별이라고 할 수 있다.

기업·종교·정치·사회단체 등 다양한 제도 안에서 법령이나 규정으로 눈에 보이는 차별뿐만 아니라, 보이지 않지만 강력한 차별이 존재한다는 것을 단적으로 드러내는 것이 '유리 천장' glass ceiling이라는 개념이다. 이 개념은 1978년 미국 작가 마릴린 로덴Marilyn Loden이 만들었으며, 동시에 같은 해인 1978년 봄, 로덴과는 독립적으로 휴렛 팩커드Herlett-Packard사의 마리안 슈리버Mariane Schriber와 캐서린 로렌스Katherine Lawrence도 이 용어를 사용했다. 이 용어가 대중적인 관심을 받기 시작한 것은 1986년 미국의 경제신문 『월스트리트 저널』The Wallstreet Journal이 직장에서 여성들이 은밀한 방식으로 경험하는 차별문제에 대한 특별 이슈를 낸 것이 계기가 되었다.* 당시 미국 기업에서 여성이 고위직을 차지하는 비

* 로덴에 대해서는 다음을 참조하라. BBC, "100 Women: Why I invented the Glass Ceiling Phrase," 13(December 2017. https://www.bbc.com/news/world-42026266). 또한 『월스트리트 저널』에 대한 기사는 다음을 참조하라. Ben Zimmer, "The Phrase 'Glass Ceiling' Stretches Back Decades," *The Wall Street Journal*, April 3, 2015(https://www.wsj.com/articles/the-phrase-glass-ceiling-

율은 5퍼센트밖에 되지 않았고, 여성은 남성이 받는 임금의 75퍼센트밖에 받지 못했다.

2017년 한국에서 여성의 공무원시험 합격 비율은 46.5퍼센트이나, 3급 이상 고위직 공무원 가운데 여성은 6.5퍼센트에 불과하다. 영국 주간지 『이코노미스트』*The Economist*가 2018년 2월 17일 발표한 '유리 천장 지수'를 보면 경제협력개발기구OECD 회원국 가운데 한국은 6년째 꼴찌다.* 2019년 5월 8일 나온 분석에 따르면 한국에서 청와대와 정부 부처 등 42개 기관 232개의 요직에서 여성은 17명, 남성은 215명으로 여성은 겨우 7.3퍼센트를 차지한다. 문재인 대통령의 '여성 장관 30퍼센트' 공약은 표면적으로는 이루어진 것 같지만, 전체적으로 볼 때 여전히 깨야 할 '유리 천장'은 도처에 존재한다.**

2019년 3월 18일 독일 베를린 교통공사BVG는 여성의 지하철 사용권을 21퍼센트 할인했다. '21퍼센트'는 독일 내에서의 여성과 남성의 임금격차 수치를 나타낸 것이다.*** 이러한 획기적인 시도

stretches-back-decades-1428089010. 2019년 4월 19일 접속).

* 보다 상세한 논의는 다음을 참조하라. Jonathan Webb, "Glass Ceiling Still Keeps Top Jobs for the Boys: Women Earn 75% of Men's salary," *Forbes*, Jan 30, 2017; 「작년 여성공무원 합격자 비율 46.5%」, 『매일경제』, 2018년 9월 6일자(https://www.mk.co.kr/news/society/view/2018/09/562484/); 「한국, 6년째 OECD 국가 중 여성 일하기에 최악의 나라」, 『중앙일보』, 2018년 2월 20일자(https://news.joins.com/article/22379911).

** 「232명 중 17명 그쳐… 적극적 '유리 천장 깨기' 필요」, 『경향신문』, 2019년 5월 8일자(http://news.khan.co.kr/kh_news/khan_art_view.html?art_id=201905080600015).

는 '유리 천장'과 같은 성차별적 현실에 대한 사회적 인식을 각성하는 효과가 있었다.

'유리 천장'이라는 개념은 제도적 차별이 눈에 보이는 규정에 의해서만이 아니라, 눈에 보이지 않는 편견과 차별을 통해서 여성의 승진이나 지도자적 위치를 지니는 데에 부정적으로 작동하고 있다는 것을 드러낸다. 멀리서는 잘 보이지 않는 유리는, 여성의 직업현장에 '보이지 않는 장애물'invisible barrier이 있다는 것을 나타내는 상징적 개념이다. 여성과 남성의 임금 차이, 동일한 능력과 교육 배경을 가졌어도 승진이 제한되는 경우들, 여성의 전문성을 남성의 전문성보다 언제나 부차적인 것으로 간주하는 편견들은 제도적 차별이 지닌 다층적 차원을 드러내고 있다.

그 외에도 제도적 차별의 예는 사회 곳곳에 있다. 법령상 제도적 차별의 예를 보자. 호주제는 대표적인 성차별적 법이었다. 2008년 호주제가 폐지되었다고는 하나 여전히 한계가 있다. 민법 제781조에 따르면 "자子는 부父의 성과 본을 따른다. 다만, 부모가 혼인 신고시 모母의 성과 본을 따르기로 협의한 경우에는 모의 성과 본을 따른다"라고 되어 있다.* 표면적으로는 호주제가 폐지된 것 같지만, 좀더 깊이 들여다보면 여전히 '부성주의 원칙'과 부

*** 「남녀 임금격차: 베를린 지하철, 여성에게만 요금 할인해준 이유」, 『BBC News 코리아』, 2019년 3월 20일자(https://www.bbc.com/korean/international-47622123).

* http://www.law.go.kr/lsInfoP.do?lsiSeq=160862&efYd=20151016#0000

계 혈통주의를 고수하고 있다는 것을 볼 수 있다. 따라서 표면적으로 호주제가 폐지되었다고는 하나, 부와 모의 권리가 차별적으로 적용되고 있는 것이다.

또한 일부 개신교 교단에서는 여성에게 목사 안수를 하지 않는다. 가톨릭 교회 역시 여전히 여성의 사제 서품을 허용하지 않는다. 이것은 개별인의 역량과 상관없이 제도로써 '여성'이라는 성에 속한 사람들을 차별하는 예가 된다. 이렇듯 여성은 채용이나 임금에서 남성보다 불리한 위치에 있다. 표면적으로는 법과 규율로 남성과 여성 모두에게 균등한 기회가 주어지는 것 같다. 그러나 멀리서는 보이지 않아 없는 것 같은 유리가 가까이 가서 보면 무언가를 가로막고 있는 장애물인 것처럼, 여성에게는 많은 기회가 유리 천장으로 막혀 있다.

'유리 천장'의 연장선상에서 논의되는 또 다른 개념은 '유리 에스컬레이터'glass escalator다. '유리 천장'은 직업현장에서 여성이 지도자적 위치로 진급하는 것을 가로막는 '보이지 않는 장애들'에 초점이 있는 반면, '유리 에스컬레이터'는 동일한 조건에서 남성들이 급속도로 진급하는 경우를 표현하는 상징적 개념이다. 전통적으로 '여성 분야'라고 간주되었던 간호사나 교사직에 남성들이 진출하기 시작했다. 이 분야 전체에서 여성은 여전히 다수를 차지하지만 남성과 여성의 진급 속도가 다르다. 여성이 힘겹게 계단으로 올라간다면, 남성은 에스컬레이터를 타고 가는 것 같이 급속도로 진급한다. 예를 들어서 전체 간호사의 5퍼센트만이 남성이라고 해도 병원의 행정직이나 높은 직위만 두고 본다면 남성의 비율이 훨씬 높다.*

이러한 '유리 에스컬레이터' 현상은 전통적으로 여성의 영역이라고 알려진 분야에 남성이 진출했을 때 수적으로는 남성이 소수이지만, 결국 지도자적 위치에 자리 잡는 쪽은 다수가 남성임을 나타낸다. '유리 에스컬레이터' 현상은 여성의 '경력단절'을 촉진하며, 여성이 이루어온 '업적'을 경시하는 풍토를 당연한 것으로 '자연화'한다. 여성이 다수인 분야에 남성이 등장할 때, 비록 소수라 해도 사람들은 '남성-지도자, 여성-구성원'이라는 젠더에 관한 고정관념을 작동시킨다. 결론적으로 남성이 지도적 위치에 있어야 한다는 사고로 이어지는 것이다. 여성이 해야 할 우선적 일은 전문직이 아니라, 돌봄 노동의 전담자 역할이라는 인식을 재생산하고 강화하게 된다. 그래서 집 안에 어떤 돌봄이 필요한 상황에 처하게 될 때, 여성들은 자신이 오랫동안 이어왔던 경력을 단절하게 된다. 다양한 직업군에서의 경력직 여성들은 자신의 의지와 선택에 의해서가 아니라, 사회문화적 '강요에 의한 자발적 선택'을 하며, 경단녀경력 단절 여성의 삶을 살아가게 된다.

개인적 차별이든 제도적 차별이든 이러한 다양한 차별은 여성 개인의 삶에 지속적인 피해를 준다. 그러나 많은 여성이 이러

---

* Jenna Goudreau, "A New Obstacle for Professional Women: The Glass Escalator," *Forbes*, May 21, 2012(https://www.forbes.com/sites/jennagoudreau/2012/05/21/a-new-obstacle-for-professional-women-the-glass-escalator/#6ca6d6a3159d).

한 차별을 차별로 인지하지 못하고 있다. 노골적인 차별은 직접적이고 가시적이지만, 현대사회에서 발생하는 다양한 차별은 복합적인 분석과 조명이 있어야 비로소 전체 그림이 보이기 때문이다.

' 여성을 성적 대상으로만 보는 음담패설이 '보통 남성'들 사이에서 여전히 회자되고, 성폭력을 자행하는 동영상이 유포되고 있다. 여성이 지닌 전문성을 인정하기보다 '어쨌든 여자'라고 보는 인식은 여성을 남성 다음인 '제2의 성'에 위치시킨다. '경단녀'와 같은 신조어가 한국사회에 회자되는 것은 단지 한 개인 여성만의 경력 단절 문제가 아니다. 직업을 가진 여성이든 아니든, 여성을 남성보다 열등한 존재로 보는 시각을 매우 자연적인 것으로 만드는 '차별의 자연화'를 확산하기 때문이다. 이미 사회 도처에서 여성은 함부로 대해도 되는 존재가 되어버렸다. '미투운동'을 통해서 드러난 것처럼 여성은 여전히 사회적 직위와 상관없이, '어쨌든 여자'라는 생물학적 존재로만 간주되고 있다.

Key Ideas Box 10

유리 천장glass ceiling과 유리 에스컬레이터glass escalator

'유리 천장'은 제도적 차별이 눈에 보이는 규정에 의해서만이 아니라, 눈에 보이지 않는 편견과 차별을 통해서 여성의 승진이나 지도자적 위치를 지니는 데에 부정적으로 작동하고 있다는 것을 드러낸다. 먼 곳에서 잘 보이지 않는 특성을 지닌 '유리'는, 여성들의 직업현장에 유리와 같은 '보이지 않는 장애물'invisible barrier이 있다는 것을 나타내는 상징적 개념이다. '유리 천장'의 연장선상에서 논의되는 또 하나의 개념은 '유리 에스컬레이터'glass escalator다. '유리 천장'은 여성이 직장에서 지도자적 위치로 진급하는 것을 가로막는 '보이지 않는 장애들'에 초점이 있는 반면, '유리 에스컬레이터'는 동일한 조건에서 남성들이 급속도로 진급하는 경우를 표현하는 상징적 개념이다.

행위에 의한 차별과 생략에 의한 차별

차별에 직접적인 특정 행위가 개입되는가 아닌가에 따라서 조명해보자면 차별에는 두 종류가 있다. 특정한 행위를 함으로써의 차별, 즉 '행위로서의 차별'discrimination by commission과 무엇인가를 하지 않음으로써의 차별, 즉 '생략으로서의 차별'discrimination by omission이다. 한국사회는 이 두 종류의 차별과 배제가 여전히 곳곳을 지배하고 있다. 그래서 많은 사람들은 마치 숨 쉬는 공기가 존재하는지조차 감지하지 못하는 것처럼 그러한 장면과 현실을 '자연화'하고 '정상화'하게 된다. 문제가 되는 것을 당연하다고 생각하게 하는 자연화와 정상화의 지독한 문제는 '지금의 불균형적 현실은 왜 이렇게 되었는가'와 같은 질문을 박탈한다는 것이다.

첫째, '행위로서의 차별'은 가시적 차별이다. 성차별적 법은 무엇인가를 함으로써 차별이 진행되는 가시적 차별의 전형적인 예다. 예를 들어서 법적으로 여성에게 참정권을 주지 않는 것, 특정한 공교육을 받지 못하게 하는 것, 여성이라고 해서 어떤 직업을 허용하지 않는 것 등 법적으로 여성에 대해 차별하는 것이다. 이러한 행위로서의 차별은 종교에서 여성에게 신부나 목사 안수를 법적으로 허용하지 않음으로써 애초부터 여성에게 종교 지도자로서의 역할을 불가능하게 한다. 이러한 가시적 차별을 개선하기 위한 노력은 지금도 여전히 진행 중이다. 한국에서 법적인 성차별을 개선하기 위한 다양한 노력이 본격적으로 전개되기 시작한 것은 1980년대 후반부터라고 할 수 있다.

물론 대한민국 헌법에는 법 앞에서의 남녀평등제11조과 결혼관계에서의 평등제36조이 규정되어 있다. 또한 근로기준법에도 성차별 금지조항을 두고 있다. 1987년 제정된 남녀고용평등법은 고용분야에서의 성차별을 해소하기 위한 최초의 단행법이다.* 그러나 구체적인 사안으로 들어가면 다양한 성차별 조항들이 여전히 존재하고 있다. 페미니스트의 관점에서 법이나 구체적 사항들에 대해 비판적으로 접근하면 그 문제점과 한계가 분명히 드러난다. 행위로 인한 성차별은 직장과 일상세계에서 여성에 대한 다양한

* 어떤 종류의 성차별적 조항들이 개선되어야 하는가에 대한 보다 자세한 내용은 다음을 참조할 것. 윤덕경, 「성차별적 법·제도 검토」(www.cubs.or.kr/data/여성정책_발제_윤덕경.hwp); 한국여성정책연구원, 「현행 법령상 성차별 규정 실태 및 개정방안」(http://www.kwdi.re.kr/data/data060713.ppt). 또한 다음의 자료는 보이는 차별들에 대한 일반적 이해를 하는 데에 도움이 된다(https://www.lawtimes.co.kr/Legal-News/Legal-News-View?serial=45840); (http://www.womennews.co.kr/news/view.asp?num=117444. 2018년 5월 2일 접속).

성폭력으로도 나타난다. 예를 들어서 2018년 서지현 검사로부터 촉발된 '미투운동'은 여성의 사회적 위치에 상관없이 모든 계층의 여성에게 가해지는 차별적 의식이 어떻게 여성에 대한 성폭력으로 이어져왔는가를 적나라하게 보여준다. 정치·경제·교육·예술·종교·스포츠·문화계 등 한국사회의 모든 분야에서 행해진 여성에 대한 성폭력은 '미투운동'을 통해서 지극히 일부가 드러났을 뿐이다.

둘째, '생략으로서의 차별'이 있다. 생략에 의한 차별은 성차별에 대한 예민성을 갖고 있지 않을 경우에는 쉽게 보이지 않기에 '비가시적' 차별이라고도 할 수 있다. 그러나 차별에 대한 인지가 있는 사람에게는 바로 보이기 때문에 '가시적'이기도 하다. 생략에 의한 차별은 그 차별의 대상을 표면에 포함시키지 않는 것, 즉 '생략'을 통해서 차별로 기능한다. 한 사회에서 중심에 있는 사람들은 남성·비장애인·중상층·이성애자·고학력자 등의 범주에 속한 이들이다. 인류 역사에서 중심부 사람은 언제나 '발화의 주체'speaking subject로, 여성과 같이 주변부 사람은 '발화의 객체'spoken object로 살아왔다. 그런데 페미니즘 등장 이후에도 남성만 발화의 주체로 자리 잡고 있는 모습은 한국사회 곳곳에서 볼 수 있다.

예를 들어서, 새해를 맞이하면서 방송사에서 마련한 신년 토론 프로그램과 같은 것을 보면, 한국사회에서 어떻게 여성 배제가 자연스럽게 일상화되고 있는가를 보게 된다. 한국에서 가장 신뢰받고 있다는 한 언론인이 진행하는 진지하고 중요한 프로그램에, 100퍼센트 남성들만 '발화의 주체'로 등장하고 있다. 한국의 미래를 예견하고, 비전을 나누는 자리에서 어떻게 발화의 주체가 단일한 성일 수가 있을까. 이러한 장면에서 누가 배제되고 있는가를 보는 그 시각의 정도가 바로 인권 감수성, 평등 감수성 지수의 척도다. 더욱 심각한 문제는 남성·비장애인·이성애자·중상층의 사람들만이 모여서 한 사회가 나아갈 방향을 논의하고 있는 이러한 장면은 단지 한 TV 프로그램에서만 확인되는 모습이 아니라는 점이다. 정치·경제·교육·언론·종교 등 한국사회 곳곳에서 너무나 '자연스럽게' 펼쳐지고 있다.

출연진이 100퍼센트 여성으로만 이루어져 있다면, 또는 100퍼센트 장애인으로만 구성되어 있다면, 시청자들은 무엇을 느낄 것인가. 아마 대부분의 사람들이 지극히 '비정상적'인 장면으로 여길 것이다. 동시에 누가 배제되어 있는지남성·비장애인를 단숨에 알아차릴 것이다. 많은 이들이 한 사회에서 중요한 결정권을 행사하는 모든 영역에서 지도자적 위치를 가진 이들이 100퍼센트 남성일 경우는 그것이 '정상'으로 보이지만, 거꾸로 100퍼센트 여성과 같이 주변부에 있는 이들일 경우는 '비정상'으로 본다. 한 사회의 차별과 배제의 문화는 이렇게 많은 사람들의 시선을 남성중심적, 비장애인중심적, 이성애중심적으로 '세뇌'시켜서 그러한 차별과 배제를 '정상적'으로 간주하게 되는 '비정상의 정상화'로 유지되고 있다. 그렇다고 해서 현실세계에서 무엇이 '차별'인가를 알아차리는 것은 단순하지 않다. 다양한 종류의 차별이 쉽사리 간파하기 힘든, 은밀하지만 강력한 힘을 가지고 작동되고 경험되기 때문이다.

이 점에서 '대변의 정치학'politics of representation은 매우 중요하다. 한 집단이나 사회를 '대변'하는 역할을 하는 사람에게는 두 가지가 주어진다. 권력power과 권위authority다. 학교를 대변하는 교장이나 총장, 종교집단을 대변하는 교황·추기경, 감독이나 기업을 대변하는 회장·사장, 또는 신년토론장에 등장하는 사회적 '명사' 등 현실세계의 다양한 분야에는 언제나 다른 사람의 처지를 '대변'하는 사람이 있다. 그 대변자들에게는 권력과 권위가 주어진다. 이들이 타자의 몫까지 대신하여 대변하는 세계란 어떤 세계이며, 그들의 대변은 누구의 이익whose interest에 기여하는가를 비판적으로 조명해보는 것, 이것이 페미니즘의 주요한 과제다.

예를 들어서 장애인이 경험하는 세계와 비장애인이 경험하는 세계는 완전히 다르다. 그런데 비장애인들만이 모여서 시대를 읽어내고 보다 나은 사회를 만들고자 하는 신년 토론을 한다면, 그들이 꿈꾸는 미래에 장애인들의 경험과 관점을 담아낼 수 없다. 비장애인에게는 아무것도 아닌 일들, 예를 들어서 엘리베이터나 에스컬레이터가 없는 건물의 2층 이상에 간다든지 하는 일이 장애인들에게는 그들의 학습권, 사회 참여권, 이동권을 침해하는 심각한 문제가 될 수 있다. 누가, 누구를, 어떠한 관점으로 '대변'하는가는 매우 진지한 문제다. 따라서 성차별 문제를 다룰 때에는 여성과 남성이라는 젠더의 범주를 넘어 우리 주변에 '생략된' 존재들까지 고려하는 복합적 이해가 필요하다.

알아차리기 어려운 성차별을 이해하기 위해서는 현재의 차별적 상황을 뒤집어 연출해보는 '미러링'mirroring의 시도들이 다양한 정황에서 필요하다. 이러한 맥락에서 미국의 전 대통령 버락 오바마Barack Obama가 연말 기자 회견장에서 한 미러링 행위는 매우 의미심장하다. 2014년 12월 19일, 오바마 대통령은 연말 마지막 기자회견을 했다. 이 기자회견에서 오바마 대통령은 기자들에게 여덟 번의 질문을 받았는데, 남성 기자는 제외하고 모두 여성 기자만을 지목하여 질문을 받았다. 이 사건으로 남성 기자들은 여성 기자들이 오랫동안 경험한 배제와 차별의 현실을 체감할 수 있었다.

오바마 대통령의 이러한 '미러링' 행위는 물론 매우 정교하게 계획된 것이었다. 백악관 출입기자들 사이에도 여전히 성차별이 있다는 사실에 대한 '저항 행위'였던 것이다. 백악관 기자협회 The White House Correspondents Association 만찬은 1962년 처음으로 헬렌 토마스Hellen Thomas가 초대되기까지 여성 기자들에게 그 문이 닫혀 있었다. 여성 기자들은 백악관 출입 이후 지속적으로 성차별을 경험해왔다. 예를 들어서 조지 부시 대통령은 임기 중 43번의 기자회견을 하면서 여성 기자들에게는 질문 기회를 단 한 번도 주지 않았다고 한다.

이러한 성차별적 구조에 오바마 대통령은 미러링 행위를 통해서 의도적 문제제기를 한 것이다. 여성 기자들의 질문만 받은 오바마 대통령의 연말 기자회견장에 있었던 남성 기자들은 이 '거꾸로 된 실험'을 통해 여성 기자들이 그토록 오랫동안 당했던 차별이 어떤 것이었는가를 분명하게 느낄 수 있었다고 한다. 『워싱턴 포스트』는 오바마 대통령의 이러한 시도를 '놀라운'remarkable 또는 '경외스러운'awesome 일이라고 극찬했다.* 권력을 가진 이들이 어떻게 그 권력을 사용하는지 보여주는 지점이다. 권력은 현상유지를 강화하면서 차별 구조를 재생산하는 데 쓸 수도 있지만, 차별적 행위를 전복하는 데 쓸 수도 있다.

---

* 「"여 기자만 질문하세요" 오바마 올 마지막 기자회견 '파격'」, 『서울경제』, 2014년 12월 21일자(http://www.sentv.co.kr/news/view/459390). 보다 자세한 사항은 다음을 참조(https://www.washingtonpost.com/news/the-fix/wp/2014/12/19/that-time-obama-called-on-all-women-at-a-press-conference/?noredirect=on&utm_term=.c373cb687716. 2018년 5월 1일 접속).

5 페미니즘의 모토

"개인적인 것은 정치적이다"

페미니즘이 이론과 운동으로 등장하면서 사람들에게 중요한 통찰을 준 것이 있다. 그중 하나는 전통적으로 사적이고 개인적인 일이라고 생각했던 것들이 실제로는 사회정치적이며, 공적인 일이라는 사실에 대한 인식이다. 이러한 의미에서 '개인적인 것은 정치적이다'the personal is political는 페미니즘의 중요한 모토가 되었다. 이 슬로건은 페미니즘 운동가였던 캐롤 허니쉬Carol Hanisch가 만든 것이며, 1969년 「개인적인 것은 정치적이다」라는 제목의 에세이에서 처음으로 등장했다. 허니쉬는 뉴욕 페미니즘 운동단체인 '뉴욕 급진적 여성들'New York Radical Women과 '붉은스타킹'Redstockings의 주요 멤버로 활동했다. 그렇다면 개인적인 것은 왜 정치적인지, 또한 이것이 왜 페미니즘 운동의 모토가 되었는지 살펴보자.

예를 들어 가정에서 남편이 부인에게 가하는 폭력 사건이 있다고 하자. 많은 사람들은 그러한 가정폭력을 집 안에서 벌어지는 매우 사적인 일로 간주해왔다. 폭력을 당한 여성 역시 그 사실을 드러내기 몹시 꺼려했다. 우리는 여기서 왜 가정폭력의 가해자는 대부분 남성이며, 피해자는 여성인가에 대해 살펴볼 필요가 있다. 즉, 매우 사적인 영역에서 발생하는 일들도 보다 넓은 정황에서 그 사건을 들여다보면, 개인적인 것이 어떻게 사회·정치·문화·종교적 영역과 연결되어 있는가를 보게 된다. 가부장제가 지배적인 사회에서 '남성다움'은 '여성지배'와 연결된다. '여성지배'를 통해서 남성다움을 드러내고자 하는 것은 개인적인 성향만이 아니라, 사회적 가치의 내면화를 통해서 더욱 공고해진다. 따라서 지극히 사적인 공간에서 한 남성이 여성에게 폭력을 사용할 때조차도, 개인적인 행위는 정치적 함의를 지닌다.

또 다른 예는 여성의 임신이다. 한 여성이 임신을 했다고 하자. 많은 경우 임신은 지극히 개인적인 사건으로 간주한다. 그런데 임신을 한 여성이 공적영역에 등장했을 때 사람들은 어떠한 반응을 보이며 임신한 여성은 어떤 대우를 받는가를 살펴보면, 지극히 개인적인 것 같은 사건이 실제로는 공적이며 정치적인 문제임을 알게 된다. 2017년 뉴질랜드에서 제40대 총리가 된 저신다 아던Jacinda Ardern은 한 국가를 대표하는 정치가로서는 세계 최초로 공식 석상에서 자신의 임신 사실을 밝히고 임신한 몸으로 총리 일을 계속한 정치가다. 또한 그녀는 출산 후, 6주간의 출산 휴가도 다녀왔다. 그녀의 이러한 행보는 왜 '개인적인 것은 정치적인 것인가'를 잘 보여준다. 그녀의 '개인적' 사건은 매우 강력한 '정치적' 메시지를 던지고 있으며, 사람들에게 근원적이고 혁명적인 의식전환을 요구한다.

21세기 우리의 현실세계 곳곳에서는 급격한 변화가 일어나고 있다. 한국사회도 마찬가지다. 그러나 만약 한국 정치계에 임신한 총리가 등장한다면, 한국사람들은 어떠한 반응을 보일까. 임신한 목사가 강단에서 설교를 한다면, 임신한 앵커가 저녁 뉴스를 진행한다면, 임신한 학자가 학회에서 회장 일을 하고 주요 발제를 한다면, 사람들은 어떻게 반응할까. 이렇게 임신과 같이 여성에게 일어난 지극히 '개인적인 것' 같은 일이 공적 세계와 연계될 때, 그것은 언제나 사회적·정치적 함의를 지닌다. 이러한 일에 대해 보이는 반응은 곧 그 사람의 인지 세계와 같다. '여자가 집에서 살림이나 하고 애나 키우지 무슨 정치를 하며, 학회활동을 하고, 예술활동을 하는가'라고 반응한다면, 그 사람의 의식은 남성중심주의적 가부장제의 틀에서 한 치도 벗어나지 못했다는 뜻이다.

한국사회는 한편으로는 출산을 장려하면서, 또 한편으로는 임신한 여성은 지극히 사적인 공간에만 갇혀 지내야 한다는 지독한 가부장제적 이중성을 보이고 있다. 여전히 여성의 주요 역할을 사적영역에서의 '종족 보존'이라는 가부장제적 가치로 생각하기 때문에, 임신은 장려하면서도 임신한 여성이 공적영역에서 역할을 수행하는 것은 '부적절'하다고 보는 것이다. 임신은 여전히 사적이고 개인적인 일이라고 간주하는 것이다.

아직도 한국 드라마에서 남편은 부인에게 하대를, 부인은 남

편에게 존대를 한다. 존댓말이나 반말의 구조가 없는 영화를 한
국어로 번역할 때도, 남편과 부인, 어른과 아이의 '수평적 대화'
는, 존댓말-반말을 통한 '수직적 대화'로 전이된다. 어른은 아이
에게, 남편은 부인에게, 직책이 높은 사람은 낮은 사람에게 반말
을 하는 것을 단지 '문화'로만 생각해서는 안 된다. 이러한 한국
의 언어체계는 다양한 관계를 위계화하면서 그 위계를 '자연적인
것'으로 만든다.

　　겉으로 보면 이는 매우 개인적인 일이다. 그러나 실제로는
한 개별인들의 특별한 성품 때문만은 아니다. 가부장제적 문화와
그 사회에서의 남성성이 무엇을 의미하는가라는 보다 넓은 정황
속에서 살펴보아야 한다. 가부장제 사회에서 낳고, 자라고, 교육
받은 남성들은 의식·무의식적으로 '남성다움'을 '여성지배'라고
생각하게 된다. 한국사회에서 남성중심적 위계주의, 어른중심적
위계주의, 직책에 따른 위계주의는 언어체계를 통해서 매우 자연
스러운 것이 되어버린다.

　　페미니즘은 자연화된 것들에 대한 '탈자연화'에서 출발한다.
'탈자연화' 과정을 통해서 사람들이 당연하고 자연스러운 것이라
고 생각하는 많은 것들이 실제로는 차별적 의식과 가치관에 의해
작동되고 있다는 것이 드러난다. 이 점에서 '개인적인 것은 정치
적이다'라는 여성운동의 모토는 매우 복합적인 사회정치적 함의
를 지닌다. 더 나아가서 이 모토는 성차별에만 적용되는 것이 아
니라는 점을 인지하는 것도 중요하다. 탈자연화의 과정은 젠더만

이 아니라, 인종·계층·성적지향·장애·국적·외모·교육·출신배경 등에 근거한 다양한 모습의 차별이 존재하는 우리의 현실세계 곳곳에 필요하다.

세 번째 질문

여성혐오란
무엇인가

1 여성혐오에 대한 오해와 이해

'여성혐오'의 문자적 의미는 '여성에 대한 혐오'다. 영어로는 '미소지니'misogyny라고 쓴다. 이는 그리스어의 '혐오'misein, to hate와 '여성'gyne, woman이라는 말을 합한 것이다. 여성혐오는 성차별과 그 개념이 다르다. 성차별주의는 생물학적 성에 근거한 차별적 행위, 조건, 태도, 고정관념 등을 지칭한다. 따라서 원론적으로 말하자면 성차별주의는 남자나 여자, 그리고 간성 등 모든 성에 적용될 수 있다.

그러나 여성혐오는 특별히 '여성'에 대한 혐오다. 물론 여성에 대한 혐오는 여성에 대한 성차별주의를 구성하는 요소다. 그러나 성차별과 동일한 개념은 아니다. 잭 홀랜드Jack Holland는 그의 책 『여성혐오: 세계에서 가장 오래된 편견』Misogyny: The World's Oldest Prejudice에서 여성혐오는 고대 철학과 종교에서 시작하여 다양한 철학과 종교 그리고 세계 곳곳에서 실행되어오고 있다고 분석한다.*

---

* Jack Holland, *Misogyny: The World's Oldest Prejudice*, New York: Carroll&Graf Publishers, 2006.

'여성혐오'라는 개념에 대한 가장 일반적인 두 가지 오해가 있다. 첫째, 여성혐오는 여성에 대한 노골적인 혐오적 행위만을 지칭하는 것이라고 생각하는 것이다. 그러나 실제로 여성혐오는 여성에 대한 다양한 차별과 편견을 '원래 그렇다'고 치부하는 자연스러움에서 작동된다. 이런 의미에서 보자면, 여성혐오는 여성에 대한 성차별적 편견을 구성하는 가장 중심적인 이데올로기라고 할 수 있다. 여성혐오는 폭력을 통한 직접적이고 가시적 방식만이 아니라, 여성의 가치를 폄하하고, 여성을 불신하고, 남성에게 유리하게 작동하는 여성에 대한 편견 등 비가시적인 은밀한 방식으로도 나타난다.

우리의 현실세계에서 어느 특정한 분야만이 아니라, 정치·경제·종교·교육·스포츠·영화·문학 등 일일이 열거할 수 없을 정도로 모든 분야에서 작동되고 있다. 또한 공적영역만이 아니라 사적영역에서도 여성혐오는 다양한 얼굴로 나타난다. 노골적인 방식으로 나타나는 경우보다 매우 은밀한 방식으로 작동되기에 무엇이 여성혐오인가를 인지하는 것은 쉽지 않은 경우가 많다. 즉 '혐오'라는 표현 때문에 여성혐오는 매우 극단적인 형태를 띠는 것으로 들릴 수 있지만, 구체적이고 다양한 정황에서 혐오는 미소와 함께 작동되기도 한다.

둘째, 여성혐오는 남성에 의해서만 행사된다고 오해한다. 이것은 성차별이 남성에 의해서만 이루어진다고 생각하는 것과 같다. 가부장제 사회에서 여성은 가부장제적 가치를 내면화하면서 살아가게 된다. 예를 들어서 할머니가 손녀보다는 손자를, 어머니가 딸보다는 아들을 더욱 '귀한 존재'로 대하는 것은 할머니와 어머니가 가부장제적 가치를 내면화하고 있기 때문이다. 그들이 가부장제적 구조에 순응한 것은 여성으로서의 삶을 살기 위한 하나의 '생존 기술'이었을 것이다. 딸을 가부장제 사회가 기대하고 요구하는 '바람직한 여자'로 키우는 것이 어머니로서의 역할을 다 하는 '현모양처'가 되는 길이었던 것이다.

오늘날 SNS에서는 남성에 의한 여성혐오만큼 여성에 의한 여성혐오도 심각하다. 예를 들어서 영국 BBC 방송은 국제적으로 사용된 20만여 개 이상의 트위터에서 여성을 비하하는 의미로 매춘부slut, whore를 지칭하는 여성혐오 단어가 포함된 트위터가 3주 동안 8만 여 명의 사람들에게 보내졌다고 발표했다. 이러한 여성혐오적 트위터의 50퍼센트는 여성들에 의해 쓰였다고 한다.*

기본적으로 여성혐오가 무엇인지를 이해하기 위해 여성혐오가 작동되는 양상을 간략하게 정리해보자. 첫째, 여성혐오는 노골적인 방식만이 아니라, 혐오자 자신도 인지하지 못하는 은밀한 방식으로 나타나고 행사된다. 둘째, 여성혐오는 공적영역은 물론 사적영역에서도 작동된다. 셋째, 여성혐오는 남성뿐 아니라

---

* 보다 자세한 논의는 다음을 참고하라. Emma Alice Jane, "'Back to the Kitchen, Cunt': Speaking the Unspeakable about Online Misogyny," *Continuum: Journal of Media & Cultural Studies*, vol. 28, no. 4, 2014, pp.558-570; BBC News, "Twitter Abuse—'50% of misogynistic tweets from Women,'" 2016년 5월 26일(https://www.bbc.com/news/technology-36380247).

여성에 의해서도 행사된다. 이렇게 여성혐오가 작동되는 세 가지 기본적인 양상을 고려하면서 여성혐오를 구성하는 인식론적 전제들에 대해 살펴보자.

Key Ideas Box 11

여성혐오가 작동되는 방식

1. 노골적인 방식과 은밀한 방식
2. 공적영역과 사적영역
3. 남성만이 아니라 여성에 의해서도 작동

---

2 여성혐오의 인식론적 토대

어떠한 현상이 나타날 때 '왜' 그런 현상이 나타나는가를 파고들어가 보는 것은 중요하다. 눈에 보이는 빙산의 일각 저변에는 드러나는 부분을 뒷받침하는 거대한 토대가 묻혀 있기 때문이다.

우리가 경험하는 현상을 눈에 보이는 것만을 가지고 조명한다면 근원적인 문제를 간과하게 된다. 그것은 그 현상에 직접 등장한 당사자들에 대한 비난으로만 끝날 수 있다. 결국 무한히 반복되는 현상들의 근원적 요인은 보지 못한 것이다. 그것은 페미니즘이 '지금 눈에 보이는 현상은 왜 일어나는가'라는 '뿌리물음'에서 시작되어야 하는 이유다.

열등한 존재, 위험한 존재로서의 여성

인류 역사에서 가장 노골적인 여성혐오의 시초는 마녀 화형 witch-burning 사건이라고 할 수 있다. 마녀 화형 사건은 13세기부터 18세기까지 유럽에서 약 500여 년간 지속되었으며 특히 1500년에서 1700년까지 극치를 이루었다. 이 오랜 시간 동안 얼마나 많은 여성이 마녀로 몰렸는지에 대한 정확한 수치는 알 수 없다. 그만큼 역사가들이 관심을 두지 않았기 때문이다. 마녀로 몰려 죽임을 당한 여성들이 5만여 명에서 100만 명이라고 짐작할 뿐이다.* 이러한 마녀 화형이 왜 유럽 곳곳에 퍼지게 되었는가에 대한 다양한 분석이 있다. 그런데 분명한 것은 여성혐오사상으로 인해 여성들이 종교개혁, 산업 문명의 발달, 또는 흑사병과 같은 사회적 위기의 희생양이 되어 피해를 받았다는 것이다.

마녀 화형을 종교적인 거룩한 일로 정당화하는 데 사용되어 온 '마녀를 잡는 망치'라는 의미의 『말레우스 말레피카룸』*Malleus Maleficarum: Hammer against Witches*이라는 책을 보면 여성혐오의 인식론적 토대가 무엇인가를 분명하게 조명해볼 수 있다. 이것은 1486년 도미니크 수도회의 수도사며 종교 재판관이었던 하인리히 크래머Heinrich Kramer와 제이콥 스프랭거Jacob Sprenger가 썼다. 그들은 1487년 5월 8일 이 문서의 지지를 요청하면서 독일 퀼른 대학교 신학부에 문서를 1487년 5월 9일에 제출했다. 책으로 출간 후 200년 동안 성서 다음으로 많이 팔린 마녀사냥의 지침서였다. 내용을 보면 여성은 태초부터 남성보다 '열등한 존재'이며, 남성을 성적으로 유혹하는 '위험한 존재'라는 것이 분명하게 드러난다.

---

* "The Malleus Maleficarum: The Woman as Witch," in Elizabeth Clack and Herbert Richardson, eds., *Women and Religion: A Feminist Sourcebook of Christian Thought*, New York: HarperSanFrancisco, 1977, p.116.

여자는 지적으로 열등하고 미신을 잘 믿기 때문에 '마녀'가 되어 남자를 성적으로 유혹하고, 남자의 성적 능력을 불능으로 만드는 주술을 걸 수도 있다고 본다.*

이 책은 여성이 존재론적으로 열등한 존재이며, 위험한 존재라는 여성혐오사상의 인식론적 구성요소를 분명하게 담고 있다. 종교가 모든 영역을 지배하던 중세에, 곳곳에 성서를 인용하는 남성 종교 지도자들에 의해 쓰였으며 그 파급력은 컸다. 그러한 여성혐오사상이 중세에나 있었을 뿐 21세기에는 작동하지 않는다고 생각하는 것은 커다란 오류다. 여성혐오적 여성 이해는 여전히 남성은 물론 여성의 인지 세계에 자리 잡고 있기 때문이다. 형태와 방식은 다르지만, 지금도 여전히 여성혐오의 토대가 되는 부정적 여성 이해는 사라지지 않고, 많은 이들의 인식을 강력하게 구성하고 있다.

세계 곳곳에서는 여성혐오의 인식론적 토대가 되는 '열등한 존재로서의 여성'이 자연스러운 것으로 작동되고 있다. 예를 들어보자. 2019년 5월 1일, 일본에서는 나루히토 새 일왕의 즉위식이 있었다. 그런데 그의 부인인 마사코 왕비는 즉위식에 참석하지 못했다. '왕위 계승 자격을 갖춘 성인 남성 왕족만 참석한다'는

* 보다 자세한 논의는 다음을 참고하라. Ibid., 그리고 726쪽이 되는 『말레우스 말레피카룸』의 전문은 다음의 링크에서 볼 수 있다(http://www.malleusmaleficarum.org/downloads/MalleusAcrobat.pdf).

오랜 '전례'에 따른 것이다.* 이러한 남성중심적 전례가 21세기에
도 여전히 '자연스러운 예식'으로 간주되고 있다. 경제적으로 선
진국이라는 일본에서 오랜 전통 속에 깊숙이 자리 잡고 있는 '열
등한 존재'로서의 여성이라는 여성혐오적 인식의 후진성은 그대
로 유지되고 있다.

'남성-성인-왕족'만이 참석할 수 있다는 전례를 고유한 전
통문화라고 주장하는 것, 또한 그것이 마치 보존해야 할 고유한
문화적 미덕으로 강조되는 것은 심각한 '문화적 알리바이'cultural
alibi다. 특히 페미니즘을 '서구적인 것'으로 간주하는 '비서구' 나
라에서 서구문화로부터 '오염'되지 않는 '순수한 전통문화'를 보
존하겠다는 토착주의적 지향성은 종종 여성혐오적 문화를 전통
문화적인 미덕으로 포장하곤 한다.

여성혐오의 문화적 재생산

한때 한국에서 "가장 한국적인 것이 가장 세계적이다"라는
모토가 회자되던 적이 있었다. 이것은 세계화 시대에 접어들면서
강력하게 등장하기 시작한 문화적 토착주의nativism에 그 뿌리를
내리고 있다. 이 모토가 지금은 대중적으로 회자되지 않고 있다
고 해도, 그것에 담긴 가치관은 지금도 다양한 방식으로 사회적

---

* https://news.sbs.co.kr/news/endPage.do?news_id=N1005247719#openPrintPopup.

으로 강력하게 작동하고 있다.

　이러한 모토를 무비판적으로 받아들이기 전에 물어야 할 두 가지 물음이 있다. 첫째, '누가' 그리고 '어떠한 기준'으로 '가장 한국적'인 것을 규정하는가. 둘째, '가장 한국적'인 것을 지켜내고자 할 때 그러한 가치관은 '누구의 이익'을 확장하는가. '전통'에 대한 비판적 접근이 근원적으로 요청되는 지점이다.

　첫 번째 질문에서 '누가'라는 물음은 '가장 한국적인 것'의 내용을 규정하는 '지식'을 생산하는 이들은 남성주의적인 가부장제적 가치를 지닌 사람임을 드러낸다. 또한 그들은 전통에 대한 무비판적 관점으로 가장 한국적인 것의 기준을 삼는 사람들이다. 한 사회에서 지식 생산의 주체자는 언제나 생물학적 남자들이었다. 어떤 지식이라도 '중성적'인 지식은 없었으며, 그 지식은 언제나 권력과 분리불가라는 푸코의 분석은 정확하게 맞는다. 푸코는 '권력과 지식'이 아니라 '권력/지식'power/knowledge이라고 표기함으로써, 권력과 지식의 분리불가성을 명료하게 밝힌다.

　'누구의 이득'을 확장하는가라는 두 번째 질문에 대한 답은 유추하기 어렵지 않다. 남성중심적 가부장제 문화이해에서 이러한 모토는 여자와 남자의 고정관념을 강화하고, '남성지배-여성종속'을 한국 고유의 문화로 포장한다. 여성은 전통적인 한국문화의 '보존자'로, 남성은 서구적 변화에 발맞추는 '진취적 개발자'로 남는다. 많은 종교 집회나, 대통령의 해외순방 시 영부인은 한복을, 대통령은 양복을 입는 것도 이러한 배경에서 연유한다.

아이들은 어릴 때부터 여성이 '열등한 존재'라는 존재론적 인식을 가정과 같은 사적공간은 물론 학교, 미디어 등을 통한 공적영역을 통해서도 학습한다. 아이들이 듣는 언어, 미디어에서 재현되는 여성과 남성의 이미지, 동화책이나 학교 교육 등에서 등장하는 남녀의 역할 모델은, 여성이 남성보다 '열등한 존재'이며 따라서 '부차적 존재'라는 인식을 주입시킨다.

보부아르가 『제2의 성』*Le Deuxieme Sexe*에서 분석하는 '제2의 성으로서의 여성'이 부차적 존재로 살아가는 '자연스러움'이 여전히 현실세계 곳곳에서 재현되고 강화되고 있다. 강간 같은 성폭력 사건이 일어나도 피해자인 여성에게 묻는 질문은 사건 당시 '무슨 옷을 입었는가' 또는 '어떻게 행동했는가'이다. 이러한 질문의 배경에는 여성은 남성을 성적으로 유혹하는 '위험한 존재'이며, 남자는 여성의 성적 유혹에 하는 수 없이 넘어가는 '성적 충동'을 본능적으로 가지고 있다는 전제가 내포되어 있다. 강간현장에서 여성을 성적 대상으로만 보는 남자에 대해 '남자는 원래 다 그렇다'라고 하는 이해는, 남성은 물론 여성도 내면화하고 있는 여성혐오적인 왜곡된 이해다. 성폭력의 정황에서도 피해자가 성폭력의 요인을 제공했다고 보는 '피해자 비난'victim blaming은 빈번한 현상이다.

이러한 맥락에서 한국은 물론 세계 곳곳에서 일어난 미투운동은, 남성의 여성혐오적 욕구에 의한 성폭력을 대대적으로 문제 제기했다는 점에서 중요하다. 서지현 검사의 미투운동에서 보았듯이 전문직에 있는 여성이라도, 여성은 전문인이라기보다 '어쨌든 여자'라고 보는 이해가 팽배하다. 여성을 성적 욕구의 대상으로 보는 남성중심주의적 시각은 '열등한 존재로서의 여성'이라는 이해가 그 토대를 이루고 있다. 정치·종교·교육·예술·스포츠 등 분야에 상관없이 권력을 가진 사람이 주변 여성을 성적 존재로 보는 것은 여성혐오사상에 근거한 여성에 대한 지극히 왜곡된 이해에서 출발한다.

'시스젠더 여성'에 대한 여성혐오는 '트랜스여성혐오'transmisogyny로까지 확장된다. 트랜스여성혐오는 '트랜스포비아'transphobia와 여성혐오가 합쳐진 개념이다. 줄리아 세라노Julia Serano는 2007년 출간한 『위핑 걸』*Whipping Girl*에서 '트랜스여성혐오'라는 개념을 처음으로 소개했다.* 세라노는 남자로 태어났지만 성전환으로 트랜스여성이 되었다. 생화학으로 박사학위를 취득한 그녀는 이 책에서 트랜스여성이 사회와 직장에서 겪는 이중적 혐오, 즉 트랜스혐오와 여성혐오가 어떻게 작동되는지를 밝힌다. 여기에서 트랜스포비아와 트랜스여성혐오를 분명하게 구분할 필요가 있다. '트랜스포비아'는 성전환한 남성과 여성 모두에 대한 혐오·편견·차별이다. 반면, '트랜스여성혐오'는 트랜스여성에 대한 차별과 혐오라는 점에서 둘은 의미가 다르다.

성전환을 통해 남성에서 여성이 된 트랜스여성은 여성에서

---

* Julia Serano, *Whipping Girl: A Transsexual Woman on Sexism and the Scapegoating of Femininity*, 2007, Berkeley: CA: Seal Press, 2016.

남성으로 전환한 트랜스남성보다 다양한 편견과 성폭력의 희생자가 된다. 왜 트랜스젠더 중에서도 특히 트랜스여성에 대한 혐오가 더욱 큰 것인가. 태어날 때 생물학적 남자였던 사람이, 남성으로서의 삶을 거부하고 여성으로 전환하는 행위 자체가 바로 전통적인 '남성중심적인 젠더 위계주의'에 위협이 되기 때문이다.

권력과 특권의 자리인 남성의 위치를 거부하고 여성으로 전환하는 그 행위는, '우월한 남성-열등한 여성'이라는 전통적인 권력 위계주의를 정면으로 거부하고 도전하는 행위로 기능하게 된다. 여성혐오는 시스젠더 여성에게만이 아니라, 트랜스젠더 여성에게까지 확장되면서 다양한 양태로 여전히 강력하게 작동하고 있다.

Key Ideas Box 12

여성혐오와 트랜스여성혐오

영어로 여성혐오는 '미소지니'misogyny다. 그리스어의 '혐오' misein, to hate와 '여성'gyne, woman을 합한 용어다. '트랜스여성혐오'transmisogyny라는 개념은 2007년 세라노Julia Serano가 정립했으며, '트랜스여성'에게 가해지는 혐오를 의미한다. 트랜스여성혐오는 트랜스포비아transphobia와 여성혐오misogyny가 함께 작동되는 혐오다. 트랜스젠더 여성은 트랜스젠더 남성보다 차별, 편견, 성폭력을 더욱 많이 경험한다. 트랜스젠더

에 대해서도 역시나 남성은 우월성을, 여성은 열등성을 의
미하기 때문이다.

3 여성혐오 사회에서의 여자
사창가모델과 농장모델

인류 역사에서 여자는 어떤 존재로 간주되어 왔는가. 사회는 '남자'와 '여자'로 구성된 두 종류의 인간을 설정하면서 각기 다른 특성과 역할에 대한 다양한 지식을 생산해왔다. 그러나 인간에게는 남자와 여자만이 아니라, 다양한 성과 젠더가 존재하고 있다. 예를 들어, '제3의 성'이라고 불리기도 하는 간성intersex이 있다. 간성은 한 사람이 남자와 여자의 생식기를 모두 가지고 있거나 또는 염색체는 여자인데 생식기는 남자, 반대로 염색체는 남자인데 생식기는 여자로 태어나는 사람을 지칭한다. 또한 앞서 논의한 바와 같이 태어날 때 지정된 성sex 정체성과 사회문화적 젠더 정체성이 일치하지 않아 출생 때 지정된 성별을 바꾸는 트랜스젠더도 있다. 그러나 여전히 페미니즘의 중심적 논의가 되는 성은, 생물학적 여자와 사회문화적 시스젠더로서의 여성이다. 전통적으로 생물학적 성으로서 여자의 특성과 역할을 규정해온 것은 남자였다. 남자의 특성과 역할을 규정해온 것도 역시 남자였다.

이러한 지식생산의 주체자로서 남성은 생물학적 남자와 여자를 규정하면서, 사회적 남성과 여성, 즉 젠더를 구성하는 토대로 삼았다. 이러한 남성중심적 지식구조에서 생물학적 여자는 남자에게 동등한 개별적 인간으로서가 아니라, '여자-집단'으로만 존재한다. 남자들은 여자의 가치를 개별인간에 두는 것이 아니라, 생물학적 여자-집단에만 그 가치를 부여한다. 안드레아 드워킨Andrea Dworkin은 집단으로서의 여자는 다음과 같은 두 모델에 따라 존재이유와 사회 내 역할이 나뉜다고 분석한다. 첫째, 사창가모델brothel model, 둘째, 농장모델farming model이다.*

사창가모델에서의 여자

사창가모델에서 남성은 여성을 개별인간이 아닌, 남성의 성적 욕구를 충족시키는 가치를 지니는 존재라고 본다. 사창가에서 남자는 여자를 마음대로 통제한다. 사창가의 여자들은 남자들에게 의존되어 존재한다. 남자는 금전으로 자기 마음대로 여자를 조정하고 대상화하며, 그 여자의 육체는 남자에 의해 '소비'되는 소모품이 된다. 여자는 자신이 육체적 소모품으로 소비된다는 것을 알면서도, 남자에게 의존해야 생존이 가능한 구조 속에 놓여진다. '사창가'라고 하는 것은 매우 극단적이어서 일상세계에 적용하기 어렵다고 생각할 수도 있다. 그러나 '사창가'는 하나의 메

---

* Andrea Dworkin, *Right-wing Women*, New York: Coward-McCann, 1983, pp.174 · 184.

타포로서 여성이 성적 대상화·상품화되는 모든 통로를 의미한다. 음악·스포츠·농담·광고·음악·비디오·드라마·포르노그라피 등 여성은 단지 성적 대상으로만 그려진다. 남자를 '유혹하는 존재', 남자에게 성적 즐거움을 주기 위해 존재하는 '성적 놀이대상'으로 전락한다. 강간의 경우에도 가해자 남성보다 피해자 여성에게 책임이 있다고 전제한다.

2018년 11월에 시작되어 점점 그 실체가 드러난 일명 '버닝썬 사건' 또는 '승리 게이트'는 여성이 어떻게 성적 대상으로 취급되어 비인간화되고 있는가를 적나라하게 보여준다.* '사창가모델'의 전형을 보여주는 사건이다. 성폭력과 성희롱 동영상이 남자들의 SNS 대화방에서 지속적으로 회자되었다. 동영상 속 여성은 인격을 지닌 인간이 아니라, 놀다가 버릴 수 있는 '성적 노리개'로서 등장한다. 남성은 여성을 성적 대상으로 삼아 약물을 투여하고, 남성들은 이 여성을 대상으로 성희롱과 성폭력을 일삼았다. 그 동영상은 남자들의 카톡방에서 아주 '자연스럽게' 회자되었다.

남성이 자신들의 이득과 권력 확장을 위해 사용하는 방식 가운데 하나는 이른바 '성접대'다. '성접대'는 철저히 남성중심적으로 구성된 개념이다. '접대'의 주체는 여성이 아니라, 남성이기 때

---

* '버닝썬 사건' 또는 '승리 게이트'에 대해서는 다음을 참고하라(http://www.hani.co.kr/arti/society/society_general/880546.html; https://news.joins.com/article/23411220).

문이다. 여성은 남성의 이익과 권력 확장을 위한 도구로 이용될 뿐이다.

따라서 우리는 질문을 바꿔야 한다. 성폭력 사건이 있을 때 '어떤 여성이 강간당했는가'가 아니라, '어떤 남성이 강간했는가'로 물어야 한다. '피해자'가 아니라 '가해자'의 행위가 드러나는 질문이 필요하다는 것이다. 피해자를 사건의 중심에 놓으면 가해자가 표면에서 사라지기 때문이다. 이러한 폭력적 정황에서 '강간당했는가'라는 방식으로 '수동태'를 사용하는 것은 그 폭력적 정황에서 주체를 사라지게 한다. 따라서 '강간했는가'라는 '능동태'로 전환해야만 한다. 그렇다면 이러한 여성혐오적이며 성차별적인 문화는 어떻게 생산·재생산되는가.

캘리포니아 주립대학교 철학 교수인 영화 감독 토마스 키이스Thomas Keith가 2011년에 만든 다큐멘터리 필름 「형제 코드: 어떻게 현대 문화는 성차별적 남자들을 만드는가」The Bro Code: How Contemporary Culture Creates Sexist Men는 여성을 비인간화하고 여성혐오를 부추기는 '형제 코드'bro code와 '형제 문화'bro culture가 다양한 매체를 통해 어떤 방식으로 구성되고 성차별을 확산하는가를 면밀하게 파헤친다.* '형제 코드'는 이른바 '남성적 힘'masculine power이 여성을 지배하고 통제하는 것으로 구성된다. '형제 코드'는 우

---

* "The Bro Code: How Contemporary Culture Creates Sexist Men," 2011, produced by Thomas Keith. 보다 자세한 내용은 다음의 링크를 참조(https://shop.mediaed.org/the-bro-code-p148.aspx).

리의 일상 세계 곳곳에 침투하고 있다. 영화·뮤직 비디오·포르노 그라피·코미디·광고·TV 드라마 등 다양한 매체에서 남성이 여성을 성적 대상으로 간주하는 코드가 작동되며, 그러한 '형제 코드'에서 남성은 여성에게 가하는 성적 폭력이나 성적 대상화를 자신의 '남자다움'을 드러내는 것으로 간주한다. 남성은 어느 정황에서든 여성을 지배하고 통제하는 역할을 하며, 여성에게 '예스'yes 또는 '노'no를 할 수 있는 존재여야 진정한 남성이다. 이러한 '남자다움'의 패턴에 맞지 않는 남성에게는 '게이'라는 표지를 붙인다.

그렇다면 이러한 매체에 등장하는 여성들은 어떠한 모습인가. 한국 드라마나 영화에서도 흔히 볼 수 있듯이, 여성은 다른 여성의 '적'으로 재현된다. 남자의 시선과 관심을 차지하고 독점하기 위해 다른 여자와 경쟁과 질투 관계 속에 놓이며, 결과적으로 여성들 간의 젠더-동료의식은 부재하다. 여성들 역시 이러한 여성혐오를 스스로 내면화하면서 결국 남성중심적 가부장제를 강화하는 동조자가 되는 것이다.

남자들은 남성으로서의 '젠더-동료'의식을 구성하는 반면, 여자들은 동료의식이 아닌 경쟁, 시샘, 질투의 대상일 뿐이다. 여성은 복종적이며 섹시해야 하고, 남자는 육체적으로 강해서 여자를 통제하면서 가능한 한 많은 섹스 파트너 여성을 '거느리는 것'이 '형제 코드'에서의 진정한 남자다움이다.

많은 여자를 만나는 '남자 바람둥이'를 의미하는 영어는 '우머나이저'womanizer다. 그런데 흥미롭게도 이러한 개념에 상응하는 '여자 바람둥이'라는 '매나이저'manizer라는 단어는 존재하지 않는다. 이러한 개념이 존재하지 않다는 것은 남성중심적 성과 권력이 사회에 오랫동안 깊숙이 자리 잡아 왔다는 것을 의미한다. 많은 여성과 성적 관계를 가지는 것이 '남자다움'이라고 생각하는 남성들에게, 여자는 오직 두 종류가 있을 뿐이다. 하나는 '우둔하고 섹시한 여자'이고 다른 하나는 '똑똑하고 섹시하지 않은 여자'다. 우머나이저에게 '똑똑한 여자'는 위협적이다. 그래서 '우둔하고 섹시한 여자'가 '진짜 여자'로 간주되는 것이다.

이러한 여성혐오적 문화에서 『맥심』Maxim과 같은 잡지는 '진정한 남자다움'이 무엇인가를 담는 대표적인 '남성 잡지'로 자리 잡았다. 『맥심』이 소개하는 여자·남자·스포츠·맥주·기계·옷 등은 남성지배와 여성 종속을 자연스럽게 만드는 '형제 코드'를 생산·재생산하면서 여성혐오를 '자연화'한다. 다큐멘터리 「형제 코드」는 우리가 인식하든 인식하지 못하든 어떻게 다양한 문화매체들이 여성혐오적 여성 이해와 남성중심적 남성이해를 구성하고 확산하는가를 적나라하게 드러낸다.

농장모델에서의 여자

농장모델에서 여성은 생물학적 기능, 즉 임신과 양육을 담당하는 '어머니'로서의 역할을 충족하는 것으로만 그 존재가치를 지닌다. 사창가모델에서의 '창녀 여자'와 달리, 농장모델에서의 '아내 여자'는 남자의 '안사람-부인'으로 존재하고 남자는 여자의 '바깥사람-남편'으로 존재한다. 이 관계에서 부인인 여자의 가장 중요한 역할은 '번식'reproduction, 즉 재생산에 있다. 남자가 보는 여자의 전형적인 가치는 '번식'에 있다는 것을 비유하는 '농장'은 동물성animality과 인간성humanity의 경계를 굳이 그을 필요가 없이 '종족 보존'이라는 남자의 욕구를 충족시킨다.

사창가모델에서의 여자와 달리, 농장모델에서의 여자는 '부인-남편' 관계 속에 놓여진다. 이러한 제도적 관계 속에서 여자는 감정적·경제적으로 남성에게 의존한 삶을 살게 된다. 농장모델에서 여자는 남성의 대를 잇는 '자궁'을 지닌 기능인으로 존재한다. '창녀-여자'는 남성을 유혹하고 위험에 빠뜨리는 '위험한 존재', '아내-여자'는 남자의 지배를 받아야 하는 '열등한 존재'라는 여성혐오의 전형을 그대로 드러낸다.

1985년 출간되고 2016년 HBO에서 TV 시리즈로 만들어져 다시 주목받게 된 마거릿 애트우드Margaret Atwood의 소설 『시녀 이야기』The Handmaid's Tale는, 남성중심적 사회에서 여성혐오가 어떻게 작동하는가를 적나라하게 드러낸다.* 가상의 기독교 국가인 길리아드 공화국에서 여자의 '유용성'은 그녀의 가임 능력과 노동 능력에 달려 있다. 가임 능력이 없거나 잡일도 할 수 있는 능력이

---

* Margaret Atwood, *The Handmaid's Tale*, 1985, New York: Houghton Mifflin Harcourt, 2017; 한국어 번역판은 애트우드, 『시녀 이야기』, 황금가지, 2017.

없는 여자들은 '비여성'unwoman이다. 여자를 '여성'woman과 '비여성'unwoman으로 나누는 과정에서 작동하는 것은 다층적 권력이다. 엘리트 무자녀 부부의 아이를 낳기 위해 가임 능력이 있는 여자들이 그 집에 배당되어 '시녀'가 된다. 시녀들은 고유한 이름이 없다. '시녀'의 사령관인 남자의 이름에 소유격을 붙여서 불린다. 예를 들어 사령관이 '프레드'Fred라는 이름을 가졌으면, 시녀의 이름은 '프레드의 소유'of-Fred라는 의미로 '오프레드'Offred가 된다. 출산한 후 다른 곳으로 가면, 그 집 남자의 소유로 다시 이름이 바뀐다.

이런 가임과정에서 그 어떤 '성적 쾌락'을 느껴서는 안 된다. 길레드 공화국에서는 첫 번째 결혼만 정통으로 인정하기 때문에 권력이 있는 '본부인-여자'와 그 어떤 권력조차 없는 '시녀-여자'는 철저한 지배와 종속 관계를 구성한다. 남성중심적 가부장제 사회에서 지배와 종속의 관계가 '남자-여자'라는 단순한 구도로만 작동되는 것이 아님을 보여주는 것이다. 『시녀 이야기』는 드워킨의 두 모델 중에서 '농장모델'의 극단적 형태를 드러낸다.

드워킨 모델은 전통적으로 남자들이 부여한 '여자의 가치'가 무엇인지를 보여준다. 표면적으로 보면 사창가모델에서의 '창녀'와 농장모델에서의 '어머니'는 극과 극의 위치에 있고, 그 두 모델 사이에 공통점은 없는 것 같다. 창녀는 사회적으로 멸시되며, 어머니는 칭송되기 때문이다. 그러나 이 두 모델은 가부장제 사회에서 남자들이 설정한 여자에 대한 '가치'를 담고 있는 모델이라는 점에서 공통분모가 있다. 사창가모델과 농장모델에서 기대되는 여성의 역할은 한 여자에게 동시에 기대되는 모습이기도 하다. 즉 결혼한 여성은 남편에게 성적 만족을 주는 역할사창가모델과 임신, 육아, 가사노동 등 돌봄 노동의 전담자 역할농장모델 모두를 수행해야 하는 것이다.

서구문명의 토대가 되는 기독교 사상은 이러한 극단적인 여성혐오적 이해에 기초해 있다. 기독교 경전에 등장하는 두 모습의 여자 모델은 하와와 마리아다. 인류 최초의 여자 인간 하와는 아담을 죄에 빠뜨린 '위험한 존재'다. 터툴리안과 같은 교부the Church Fathers들이 지닌 '모든 여자' 안에는 '이브성'이 있다고 보는 여성혐오적 이해는, 21세기에도 다양한 방식으로 작동하고 있다. 또한 예수를 잉태했다는 '동정녀' 마리아는 순종의 이미지로 칭송된다. 기독교 전통에서 마리아는 순종적 여자의 전형으로 재현되면서 '농장모델' 속 여성의 모습으로 각인된다. 가톨릭 교회가 여성에게 사제서품을 허용하지 않는 것은 뿌리 깊은 여성혐오사상에 근거한다고 말할 수 있다. 가정·교회·사회에서 여성의 유일한 존재이유는 농장모델 속의 역할인 것이다.

어느 개념이든 그 개념이 등장하게 된 특정한 정황이 있다. '여성혐오', 즉 '미소지니'가 나오게 된 배경은 '가부장제' 사회다. 가부장제 사회에서 태어나 자라고 살아온 사람들은 남성이든 여성이든, 여자가 남자보다 '열등한 존재'라고 인식하게 된다. 노골적이고 폭력적인 혐오 행위를 하지 않는다고 해서, 여성혐오적 의식에서 자유로운 사람은 없다. 남성이든 여성이든 생물학적 여자는 '어쨌든' 남자보다 열등하다는 생각 즉, 남자는 지배하고 지도하는 위치에 있다고 생각하는 이들은 여성혐오적 사유방식과 행동을 하는 이들이다. '미소지니'를 '여성혐오'라고 번역하는 것은 '혐오'라는 개념이 지닌 노골성 때문에 '미소지니'의 광범위한 의미를 오해할 수 있다는 한계를 지닌다. 번역의 한계는 언제 어디서나 존재한다.

그래서 나는 페미니즘을 '여성주의'라고 번역하지 않고 페미니즘이라고 음역한다. '여성주의'라고 번역할 경우 '여성중심주의'로 오해할 수 있기 때문이다. 페미니즘이라는 개념은 세계적인 변혁운동이며 저항과 변혁의 담론으로서 그 개념은 이제 '대중성'을 확보하기 시작했고 그 복합성에 대한 이해가 확산되고 있다. 즉 번역을 하지 않고 음역을 해도 가능한 대중적 이해가 확보되었다는 것이다.

그러나 페미니즘과 달리 '미소지니'를 번역하지 않고 음역할 경우, 득보다는 실이 더 많다고 나는 본다. 우선 '미소지니'는 누구나 다 아는 일상화된 영어가 아니다. 따라서 여성혐오와 관련된 논의에서 '미소지니'라는 개념이 생소한 이들을 소외시키게 되거나 번번이 설명을 해야만 한다. '미소지니'가 무엇인가를 설명할 때마다 '미소지니'의 라틴어 어원과 그 의미를 밝혀야 하며, 그 과정에서 써야 하는 언어는 한국어다. 여성혐오 사상과 그 기능에 대한 조명 이전에 이러한 단어 설명을 반복적으로 함으로써 에너지를 소비해야 한다. 또는 적절하게 설명해줄 이들이 주변에 없을 때, '미소지니'의 의미조차 알려고 하지 않고 무관심하게 되는 이들도 많을 것이다. 이러한 맥락에서 나는 흡족할 만한 번역어는 아니지만, '미소지니'라는 음역 대신 '여성혐오'라는 번역어를 쓴다.

이론과 실천으로서의 페미니즘의 지속적인 과제 중 하나는, 여전히 현실세계 곳곳에서 강력하게 작동하면서 여성을 '제2의 성'으로 만드는 '여성혐오'라는 개념을 재개념화하고 복합화하는 것이다. 미디어에서 재현되고 또한 많은 이들이 생각하는 여성혐오는, 빙산의 일각처럼 지극히 표피적이며, 단순하고, 자극적이다. 또한 여성혐오 현상이 페미니즘의 등장으로 인해 부각된 것이며, 남성을 '억울하게' 만드는 것이라는 오류적 피해의식을 조장하기도 한다.

그러나 여성혐오사상은 인류의 역사만큼 오랫동안 여성에 대한 사적·공적영역에서 다층적 혐오·차별·배제를 정당화해왔다. 여성혐오사상은 여자는 열등한 존재로서 남자의 지배를 받아야 하는 종속적 존재라는 젠더 인식론을 지속적으로 생산·재생산하는 인식론적 기제다. 이것은 이론과 운동으로서의 페미니즘이 여성혐오사상의 뿌리와 기능에 대해 복합적으로 접근해야 하는 이유다.

Key Ideas Box 13

여성혐오적 여성 이해의 두 모델

드워킨Andrea Dworkin이 두 모델로 분석했다.

1. 사창가모델brothel model : 여성은 남성의 성적 욕구를 충족시키는 존재다.

2. 농장모델farming model : 여성은 생물학적 기능, 즉 임신과 양육하는 '어머니'로서의 역할을 충족시키고, 가사노동에 전념함으로써 '농장'을 유지하는 것으로 그 존재가치를 지닌다. 즉 여성은 인류의 종족 보존을 위한 출산·양육·가사 등의 역할을 하는 존재라고 규정한다.

4 현대 사회, 여성혐오는 어떻게 재생산되는가

여성혐오는 여성은 남성보다 '열등한 존재'이며 동시에 남성을 유혹하는 '위험한 존재'라는 인식이다. 이러한 여성 이해에서 여성은 자연스럽게 '제2등 인간'으로 자리 잡는다. 여성혐오를 기반으로 한 여성의 중요한 기능은 두 가지다. 하나는 남성의 성적 욕구를 충족시켜주기 위한 존재이며사창가모델, 둘째, 남성의 대를 이어주는 존재, 인류의 종족 보존을 위한 출산·양육·가사 등의 역할을 하는 존재다농장모델.

여성혐오는 남성만이 아니라, 여성에 의해서도 작동된다. 그렇다면 현대에 이르러서 남성을 제1등 인간, 여성을 제2등 인간으로 보게 하는 '여성혐오'는 어떻게 생산, 재생산, 그리고 확산되는가. 남성은 사창가모델과 농장모델을 바탕으로 '여자다움'을 규정하면서 여성혐오를 지속적으로 재생산한다. 반면 여성은 남성에 의해 구성된 여성의 이미지에 저항하지 않고 자신을 맞춤으로써 여성혐오를 재생산하는 데 기여한다.

젠더 분리의 자연화: 균질화와 일반화의 위험성

남자와 여자는 어떻게 분리되는가. 이 세상은 마치 여자와 남자가 완전히 다른 종처럼 나뉘어져 있다. 50개 이상의 언어로 번역되었고 5,000만 부 이상이 팔렸다는『화성에서 온 남자 금성에서 온 여자』는 인간이 남자와 여자, 이 두 종류만 존재하며 남자와 여자의 서로 다른 특성을 각기 다른 행성에서 온 것으로 비유한다.*

사람들은 갓 태어난 아기를 제일 먼저 '여자'와 '남자'로 구분한다. 그리고 여자아이에게는 분홍색을, 남자아이에게는 파란색의 옷을 입히면서 자연스러운 젠더 분리를 진행한다. 이후 남자아이들은 총이나 자동차와 같은 장난감을, 여자아이들은 인형과 소꿉놀이 장난감을 가지고 논다. 사춘기 남자아이들은 성인잡지, 포르노, 게임 등 다양한 매체를 통해서 '남자다움'과 '여자다움'의 이데올로기를 주입받는다. 쇼핑몰도 남자 물건을 파는 곳과 여자 물건을 파는 곳이 나뉘어 있다. 화장실 또한 젠더 분리의 자연화가 이루어지는 곳이다. 즉 젠더 분리는 젠더화된 공간과 자연스럽게 이어진다. 물론 젠더 구분을 없애고자 하는 '유니섹스' unisex라는 개념이 등장했지만, 현실 세계 곳곳에 깊숙이 뿌리내린 젠더 분리를 바꾸기는 한참 모자란다.

---

* 존 그레이, 김경숙 옮김,『화성에서 온 남자 금성에서 온 여자』, 동녘라이프, 2006.

미디어 시대에 여성혐오는 신문·잡지·TV·게임 등을 통해 구성되고 재생산된다. TV 뉴스를 보면, 나이 많은 남자 아나운서는 연륜과 능력을 갖춰야 하고, 여자 아나운서는 예쁘고 젊어야 한다는 편견을 강요받는다. 기업 대표, 정치가, 대학 총장이나 교수, 의사, 과학자 등 사회의 중심부를 이루고 있는 사람들의 단체 사진을 보면 대부분 남자다. 그뿐인가. 다양한 종교 기관에서도 지도자 역할을 하는 사람은 남자, 그 지도자를 따르는 사람은 여성이 다수다. 이렇게 태어나는 순간부터 여자와 남자는 각기 다른 종류의 존재인 것처럼 자연스럽게 '젠더 분리'가 이루어지고 사적이든 공적이든 여자는 남자와 동등한 자리가 아닌 '제2등석'에 앉아야 하는 '2등 인간'이라는 것을 어릴 때부터 의식·무의식적으로 내면화하게 된다.

전문가들은 자연스러운 젠더-분리는 여러모로 해롭다고 말한다. 첫째, 아이들의 교육에 해롭고, 둘째, 여성의 채용에 해로우며, 셋째, 성인들의 감정적 관계에 해롭다.* 한 인간을 이루는 구성요소는 셀 수 없이 많다. 복잡성을 지닌 인간을 그렇게 두 젠더로만 나눌 수는 없다. 우리는 자신이 누구인가를 규정하는 데 얼마나 많은 '모자'를 써야 하는 것인가. 젠더 모자, 인종 모자, 수저 모자금수저·은수저·흙수저, 장애 모자, 성적 지향 모자, 외모 모자, 학력 모자, 지역 모자호남·영남 등 다양한 '정체성의 모자들'이 있다

* Raewyn Connell and Rebecca Pearse, *Gender in World Perspective*, third edition, Malden: MA: Polity, 2015, p.33.

고 하자. 이 중에서 우리는 평생 그 균질화된 젠더 모자만 사용해서 '나'라는 사람이 지닌 다층성과 복합성을 표현할 수 있을까. 그것은 심각한 억압이다.

전통적으로 남자는 수학과 과학에 강하고, 여자는 국어와 언어에 강하다는 '과학적' 주장들이 마치 절대적이고 자연적인 진리인 것처럼 회자되어 왔다. 그런데 시험 보는 방식을 바꿨더니 여학생들의 수학과 과학 성적이 남학생보다 더 우수하게 나왔다고 한다. 2019년 9월 4일자 『네이처 커뮤니케이션스』*Nature Communications*에 나온 연구결과다.*

또한 '국가별 성 격차 지수'를 비교 분석한 결과 성 평등 분위기가 강한 북유럽국가들에서 여학생들의 수학 성적이 더 높다는 결과가 나왔다고 한다. 즉, 우리가 지닌 전통적인 젠더에 대한 분리 인식은 선천적인 것이 아니라, 사회문화적으로 구성되고 만들어진다는 것을 알 수 있다. 결국 여자와 남자는 태어나는 것이 아니라, 만들어지는 것이다.

여자는 수학·과학을 못한다는 '과학적' 근거나 통계들에 대해 젠더 범주가 아니라, 다른 범주를 가지고 해석한다면 어떤 통계가 나올까. 세계적인 맥락에서 보자면 분명 우수한 성적을 거둔 사람은 남자만이 아닐 것이다. 백인, 이성애자, 비장애인이 수학과 과학에 우수하다는 '결론'이 나오지 않을까. 사회적 소수자

---

* 「여자는 수학·과학에 약하다? '조건' 바꿨더니 더 잘하더라」, 『서울신문』, 2019년 9월 4일자(https://www.seoul.co.kr/news/newsView.php?id=20190905023001).

에 대한 불평등이 난무하는 현대 사회에서 소수자들은 중심부에 있는 이들과 유사한 조건의 학습 기회를 갖는 것조차 어렵다. 우리는 '객관적'인 과학 통계라고 신뢰하면서 젠더와 인종이라는 기준을 가지고 '자연적 진리'의 이름으로 '균질화homogenization의 오류'에 가담하고 있다. 즉 하나의 범주에 들어간 사람 간의 차이를 보지 못하고, 그 범주에 속한 사람들은 모두 비슷한 존재라고 생각한다. 이런 과정을 거쳐 '남자는 원래 저래' 또는 '여자는 원래 그래'라는 '일반화'의 오류에 빠지게 된다.

그런데 이것은 젠더 균질화만의 문제인가. 젠더 균질화와 일반화의 오류는 젠더만이 아니라, 인종·성적 지향 등 다양한 차원으로까지 연결된다. 여성혐오의 방식은 인종·장애·난민·성소수자 혐오 등 다른 종류의 혐오와도 이어진다. '여성'과 같이 중심부에 속하지 않는 이들은 '열등한 존재'이며 '위험한 존재'라고 보는 혐오사상의 저변에는 뿌리 깊게 자리한 여성혐오의 논리가 유사한 방식으로 재현되고, 재생산되고, 확산된다. 누군가에 대한 억압과 차별은 그 사람이 속한 젠더·인종·계층·성적 지향 등에 대한 고정관념화에서 시작된다는 사실을 우리는 언제나 상기해야 한다.

남성의 여성혐오 재생산

과거의 여성혐오는 참정권이나 교육권 박탈, 살인이나 폭력

등 종종 노골적인 형태로 이루어졌다. 그런데 법적인 젠더 평등이 표면적으로는 이루어진 것 같은 현대 사회의 여성혐오는 이전보다 훨씬 복합적인 양태로 작동되고 있다. 여성을 향한 폭력이나 살인과 같은 노골적인 여성혐오도 여전하지만, 여성을 '제2등 인간' 또는 특정한 기능을 수행하는 생물학적 기능인_{사창가모델과 농장모델에서의 기능}으로 보는 여성혐오는 마치 숨 쉬는 공기처럼 도처에서 매우 '자연스럽게' 확산되고 있다. 아직도 많은 교회에서는 남성만이 사제 또는 목사로 적절하며, 여성은 그러한 일을 해서는 안 된다고 한다. 국가가 보장하는 직업기회의 균등권과 평등권이 종교 영역으로 오면 적용되지 않는 것이다.

한국사회에서 전우회, 향우회, 각종 동문회나 동창회는 물론 다양한 이런저런 모임들의 SNS 대화와 같은 곳에서 여성을 열등한 존재, 제2등 인간, 성적 존재, 또는 출산을 위한 존재로만 규정하는 여성혐오는 아무렇지 않게 의식적·무의식적으로 재현되고 확산된다. '남자다움'의 증명으로 군대나 학교 선후배가 함께 간다는 이른바 '방석집'에서의 성매매 경험을 자랑스럽게 늘어놓는 남성문화는 여성혐오의 재생산이다.

남성들만의 회식에서 여성을 성적 놀이대상으로 삼는 행위, 음담패설을 '무용담'처럼 주고받는 남성 문화는 여전히 한국사회 곳곳에 자리한다. 여성혐오적 사유와 행위를 하는 사람들은 정작 그것이 여성혐오임을 인지하지 못한다. 왜냐하면 대부분의 '여성혐오'는 '나는 여자를 혐오한다'라는 노골적인 말과 행위로 나타나지 않을 뿐만 아니라 '과연 여성혐오란 무엇인가'에 대한 이해가 없기 때문이다.

앞서 논의한 바와 같이, 전통적인 여성에 대한 이해는 동서고금을 막론하고 두 모델로 볼 수 있다. 사창가모델과 농장모델이다. '사창가모델'에서는 섹스어필하는 여자를 여성다운 여자로 재현하고 있으며, 여성을 '동료 인간'이 아닌 '성적 놀잇감'으로만 간주하는 데서 여성혐오가 생산·재생산된다는 것이다. 또 다른 방식의 여성혐오 생산 방식인 농장모델은 여성을 '단지' 출산과 양육 기능을 수행하는 존재로서, 여성이 '제2등 인간'임을 다양한 방식으로 각인시킨다. 예를 들면 2019년 9월 2일, 조성욱 공정거래위원회 위원장 후보자 청문회에서, 정갑윤 자유한국당 의원은 다음과 같은 질의를 했다.

"아직 결혼 안 하셨죠? (⋯) 우리 한국사회의 제일 큰 병폐가 뭐라고 생각하십니까. (⋯) 출산율이 결국 우리나라를 말아 먹게 되는 겁니다. (⋯) 우리 후보자 정말 훌륭한 분이에요. 그것출산도 갖추었으면 정말 오늘 100점짜리 후보자겠네요."*

대한민국 공정거래위원회 위원장 후보자 청문회에서 국민

* 「미혼 공정위원장 후보자에게 '국가 위해 출산하라'는 성차별 청문회」, 『한국일보』, 2019년 9월 2일자(https://www.hankookilbo.com/News/Read/201909021656749301).

을 대표하는 국회의원이 '결혼해서 출산을 했더라면 100점이었을 것'이라고 말한 것이다. 이 장면은 정갑윤 의원이 별스러운 남자이기에 나온 것만이 아니라는 점에서 심각성이 있다. 한국의 현실 도처에서 이렇게 여성을 '농장모델'로 존재의미를 규정하는 사고방식과 만나게 된다.

한국이 경제 후진성을 면했다고는 하지만 젠더 의식의 수준은 바닥을 벗어나지 못하고 있다. 정부기관에서 중요 직책을 맡게 되는 전문인에 대한 국회 청문회에서 나온 이 발언은 한국사회의 전형적인 여성혐오를 드러낸다. 즉, 한 여성이 어떠한 전문성을 지녔든지 간에 여성의 가장 중요한 기능은 '어쨌든' 출산, 즉 '농장모델'에서의 여성의 기능을 수행할 때 비로소 제 역할을 하는 존재로 인정받는다는 것이다. 아무리 공적영역에서 전문가로서의 역량을 갖추었어도 여성은 남성이라면 결코 받지 않았을 질문을 장소를 불문하고 도처에서 받는다.

그렇다면 남성이 아닌 여성들은 이러한 '농장모델'의 여성 이해를 어떻게 받아들이는가. 여성을 출산도구로 생각하는 여성 혐오적 여성 이해와 발언은, 남성만이 아니라 여성에 의해서도 '자발적으로' 강조되곤 한다. 비혼인 딸이나 손녀 또는 친척에게 '늦기 전에 빨리 결혼해서 출산해야 한다'고 재촉하는 어머니나 할머니 등 친족 여성들은 스스로를 농장모델 속으로 집어넣음으로써 여성혐오를 재생산하고 있다.

요즘은 '아직 결혼을 못했다'라는 수동적 표현인 '미혼'이 아니라, '결혼을 안 한다'는 주체적 표현인 '비혼'이라는 용어가 많이 회자되고 있다. 그럼에도 한국사회에서 여전히 '미혼 여성'은 '비혼'이 아니라, 진정한 여자다움에 이르지 못한 존재로 규정되고 있다. 이것이 대한민국 여성혐오 재생산의 현주소다.

여성의 여성혐오 재생산

세계적인 경제 저성장에도 불황을 모르는 산업이 있다. 다이어트, 성형, 그리고 화장품 산업이다. 이 산업에는 공통점이 있다. 바로 여성의 몸과 관련되어 있다는 것이다. 미국에서 나온 연구에 따르면 성형수술 시술자의 90퍼센트 이상이 여성이라고 한다. 또한 지나친 다이어트로 인한 섭식장애eating disorder 환자의 95퍼센트가 여성이라고 하며, 그로 인해 죽는 사람들의 수가 자살보다 많다고 한다. 화장품 산업의 고객은 이제 초등학교 학생으로까지 연령대가 낮아졌다.* 이렇게 세 종류의 산업에 여성이 주 소비자가 된 이유는 여성들이 미디어, 잡지 등에 투사되는 여성의 이미지를 자신의 모델로 삼기 때문이다.

페미니즘과 여성운동이 등장한 이후 이른바 '여성 해방'의

---

* 보다 세부적인 사항은 다큐멘터리 영화 Thomas Keith, "Generation M: Misogyny in Media & Culture," Northhampton, MA: Media Education Foundation, 2008, a documentary film, transcript를 참고하라(https://www.mediaed.org/transcripts/Generation-M-Transcript.pdf?_ga=2.15624629.2046397025.1567910228-2118719056.1555891007).

기치 아래 여성의 자기표현은 더욱 자유롭게 권장되었다. 그러나 요즘 여성의 자기표현은 섹시한 이미지로 자신을 꾸미고 드러내는 것으로 주로 나타나고 있다. 즉, 섹시하고 예쁜 몸을 만들기 위한 다이어트, 성형, 그리고 화장을 통해서 자기표현을 한다고 하는 여성의 '자유'는 실제로는 자발적인 것 같지만, 사회문화적으로 강요된 자발성이다.

예를 들어보자. 1959년 미국에서 처음 만들어진 바비 인형 Barbie doll은 지난 60여 년간 미국뿐 아니라 세계 각국에서 인형의 대표적 표상으로 자리 잡아 왔으며, 10억 개 이상이 팔렸다고 한다. 수영복을 입은 모습으로 '틴에이지 패션모델'Teen-age Fashion Model이라는 이름이 붙여진 바비 인형은 처음 출시된 그해에만 35만 개가 팔리면서 하나의 문화적 아이콘이 되었다. 바비 인형은 이후 백인뿐 아니라 여러 피부색을 가진 인형으로 다양화되었다.

그러나 변하지 않는 것은 바비 인형의 비현실적인 몸매다. 어릴 때부터 바비 인형을 가지고 놀면서 크는 여자아이들은 바비 인형과 같은 몸매를 자신의 모델로 삼는다는 것이 바비 인형에 대한 가장 큰 우려이며 비판이다. 그렇다면 바비 인형의 몸매는 어떤가. 평균 30센티미터 크기인 바비 인형을 실제 여성의 신체 사이즈로 전환하면 키 183센티미터, 몸무게 45킬로그램, 가슴둘레 36인치, 허리 18인치, 히프 33인치다. 또한 바비는 매우 가느다랗고 긴 다리를 가졌으며, 긴 머리카락을 지니고 있다.

2016년 바비 인형을 만든 회사 마텔Mattel은 다양한 몸매의 바비 인형을 소개했다. 그러나 가장 '뚱뚱한' 인형조차도 한국 옷 사이즈로는 '55'미국 옷 사이즈 4라고 한다. 많은 여자아이들은 어릴 때부터 자신이 '살이 쪘다'고 생각하고 성인이 되어서도 자신의 몸이 '뚱뚱하다'고 여기며 다이어트와 성형에 매달리게 된다.* 여성의 몸매에 대한 '정상' 또는 '비정상'이라는 평가가 상업주의와 손잡은 남성중심적 시선으로 구성되고, 재현되고, 확산되고 있다. 상업주의는 여성의 '여자다움'을 섹스어필하는 몸으로 재현하면서 다이어트, 성형, 화장품 산업으로 여성들을 불러 모으고 있다. 여성들은 저항이 아니라, 그러한 '여성다움'의 이미지에 자신을 맞춤으로써 남성중심적 시선으로 그려진 여성혐오적 이미지에 자연스럽게 동의하고 있는 것이다.

한국의 TV 드라마에서 보이는 여성들 역시 여성혐오적 여성 이해를 재현한다. 여성은 여성끼리 시기하고 질투하며 서로를 경쟁자로 볼 뿐, 남성이 남성 간에 보여주는 '우애'나 서로 연대하는 존재로 재현되지 않는다. 한국사회에서 '우정'이라는 단어는 남성에게, '시샘과 질투'라는 단어는 여성에게 사용되는 것은 뿌리 깊은 여성혐오적 이해다.

결국 '열등한 존재'로서의 여성은 '우월한 존재'인 남성에게 예쁘고 섹시하게 보이기 위해 자신을 꾸미고, 남자의 관심과 사

---

* 바비 인형에 대한 자세한 논의는 다음의 링크를 참고하라(https://www.kveller. com/barbie-is-many-things-is-feminist-one-of-them/); (https://en.wikipedia. org/wiki/Barbie).

랑을 독차지하기 위해 여성끼리 서로 질시하고 경쟁하는 존재가 되어버렸다. 이렇게 TV 드라마나 영화에서는 이성적이고 합리적 대화로 어필하기보다는, 언제나 눈물과 지극히 감정적인 몸짓으로 남성에게 자신의 존재를 드러내고자 하는 여성의 모습을 지속적으로 생산한다.

TV 드라마에서 여성은 곳곳에서 계속 눈물을 보인다. 반면 남성은 사회적 직책과 상관없이 곳곳에서 호통치는 역할을 한다. 21세기인 지금도 여전히 남편·남친은 노골적인 반말로, 부인·여친은 공손한 존댓말로 대화한다. 곳곳에서 남자·남편·남친·남자 직원들은 여자·부인·여친·여자 직원들에게 소리 지르고 마치 아무것도 모르는 사람 취급을 한다.

한국의 수많은 TV 드라마들은 한국사회의 여성혐오적 현실을 '반영'reflection하기도 하고, 동시에 '창출'invention하기도 한다. 아무리 세상이 바뀐 것 같아도 한국 드라마 속 여성들은 전통적인 고정관념에서 전혀 벗어나지 못하고 있다. 여성을 열등한 존재, 제2등 인간으로 생각하게 하는 여성혐오사상은 이렇게 지속적으로 재생산되며 확산되고 있다.

남성중심적 시선에서 다양한 방식으로 형성된 혐오적 여성 이미지에, 많은 여성들은 저항하기보다 순응함으로써 생존하고자 한다. 또한 여자아이들은 어릴 때부터 혐오적으로 구성된 여자의 이미지를 내면화하면서, '성적 존재로서의 여성'으로 자신을 꾸미는 '여성혐오의 악순환'이 계속되고 있다. 성적 기능과 출산 기능을 수행하는 여성이야말로 진정 '100점짜리' 여성으로 인정받는 것이다. 지금 이 순간에도 상업주의와 손 잡은 '여성혐오의 악순환'은 계속되고 있다.

네 번째 질문

페미니즘은
하나인가

1 페미니즘은 하나가 아니다
복수로서의 페미니즘들

페미니즘은 도대체 무엇인가. 우리는 페미니즘에 대해 무수한 말을 하면서 단편적인 평가를 쏟아내는 시대에 살고 있다. 그런데 페미니즘에 대한 '한 줄 논평'이 난무하는 시대일수록, 정작 페미니즘이 제기하는 문제들에 대해 고민하고, 지속적으로 학습하고, 토론하면서 페미니즘에 대한 자신의 이해를 포괄적으로 확장하려는 노력은 더욱 절실하게 요청된다.

우선적으로는 페미니즘은 성차별, 더 나아가서는 다양한 종류의 차별을 종식시키고자 한다. 그러나 페미니즘의 이러한 궁극적 목표에 대해서는 모두 공감하지만 페미니스트들은 다양한 지점에서 상이한 관점과 견해를 지닌다. 이 점에서 페미니즘은 하나의 단일한 이론이나 운동이 아니며, 페미니즘 안에서도 상충하는 입장들이 공존하고 있다. 페미니즘의 다양성을 알기 위해서는 먼저 평등하고 정의로운 세계를 지향하는 페미니즘이 왜 이렇게 각기 다른 입장을 가지게 되었는가를 들여다보아야 한다.

많은 이들이 페미니즘은 한 가지뿐이라고 생각한다. 그래서 페미니즘에 대한 단편적인 이해만을 가지고 페미니즘 전체에 대한 결론을 내리거나 왜곡된 판단을 하곤 한다. 그러나 인간의 모든 영역에서 작동되고 있는 성차별의 문제는 참으로 다양하다. 페미니즘 이론에서 등장하는 이름만 살펴보아도 페미니즘이 얼마나 다양한 방식으로 인간 삶의 다방면에 걸쳐 개입되고 있는가를 알 수 있다.

① 자유주의 페미니즘, ② 마르크스주의 페미니즘, ③ 급진주의 페미니즘, ④ 사회주의 페미니즘, ⑤ 포스트콜로니얼 페미니즘, ⑥ 포스트모던 페미니즘, ⑦ 정신분석 페미니즘, ⑧ 실존주의 페미니즘, ⑨ 에코 페미니즘, ⑩ 포스트구조주의 페미니즘, ⑪ 퀴어 페미니즘, ⑫ 트랜스 페미니즘, ⑬ 제3세계 페미니즘, ⑭ 유색인종 여성 페미니즘, ⑮ 흑인 페미니즘, ⑯ 우머니즘 womanism, ⑰ 포스트휴먼 페미니즘, ⑱ 국제international/global 페미니즘, ⑲ 코즈모폴리턴 페미니즘, ⑳ 문화적 페미니즘, ㉑ 지배 페미니즘, ㉒ 권력 페미니즘, ㉓ 사이버 페미니즘, ㉔ 휴머니스트 페미니즘, ㉕ 여성중심주의 페미니즘, ㉖ 포스트 페미니즘 등 참으로 다양한 이름의 페미니즘들이 있다.

그런가 하면, 제1물결, 제2물결, 제3물결, 그리고 제4물결 페미니즘으로 불리는 페미니즘도 있다. 이 페미니즘들은 각기 다른 사상적 토대와 시대적 배경을 가지고, 또한 각기 다른 분석적 도구를 가지고 성차별 현실을 분석하면서 다양한 정황들에 개입한다. 이런 의미에서 페미니즘은 결코 단수가 아닌 복수, 즉 '페미니즘들'feminisms로 이해해야 한다.

　이렇게 다양한 페미니즘들이 있지만, 다음과 같은 기본적인 인식을 가지고 출발한다고 할 수 있다. 첫째, 여성은 가부장제에 의해 사적·공적 차원에서 억압과 차별을 당하고 있다는 것이다. 둘째, 남성의 여성에 대한 지배를 의미하는 가부장제의 폐해는 여성의 삶을 왜곡시켜 왔고, 온전한 인간으로서 여성의 삶을 제약해왔다는 것이다.

　남성지배와 여성 종속을 자연적인 것으로 인식하는 사회일수록 여성에 대한 성차별은 다층적으로 작동된다. 이러한 유사한 출발점에도 불구하고 다양한 이름의 페미니즘들이 등장하는 이유는 다음과 같은 문제에 대한 분석과 대안이 서로 각각 다르기 때문이다.

- 성차별이란 무엇인가
- 성차별의 원인은 무엇인가
- 성차별을 극복하기 위해서 무엇이 필요한가
- 여성 주체subject란 누구인가
- 여성과 남성의 생물학적 차이를 어떻게 볼 것인가
- 페미니스트는 누구이며, 페미니스트가 될 수 있는 조건이 있는가
- 페미니즘의 궁극적 목표는 무엇인가

어떤 질병이 발생했을 때, 여러 의사들이 그 질병의 원인을 동일하게 보지 않을 수 있다. 진단에 따라 병에 대한 치료법도 다르다. 마찬가지로 성차별과 여성 억압이라는 사회적 '질병'에 대한 원인 분석이 다르면, 해결방안도 다를 수밖에 없다. 따라서 페미니즘도 하나가 아니다. 다양한 이름의 페미니즘이 있지만 페미니즘의 발전사에서 커다란 획을 그은 세 방향의 페미니즘을 조명해보자.

Key Ideas Box 14

다양한 페미니즘들

① 자유주의 페미니즘, ② 마르크스주의 페미니즘, ③ 급진주의 페미니즘, ④ 사회주의 페미니즘, ⑤ 포스트콜로니얼 페미니즘, ⑥ 포스트모던 페미니즘, ⑦ 정신분석 페미니즘, ⑧ 실존주의 페미니즘, ⑨ 에코 페미니즘, ⑩ 포스트구조주의 페미니즘, ⑪ 퀴어 페미니즘, ⑫ 트랜스 페미니즘, ⑬ 제3세계 페미니즘, ⑭ 유색인종 여성 페미니즘, ⑮ 흑인 페미니즘, ⑯ 우머니즘womanism, ⑰ 포스트휴먼 페미니즘, ⑱ 국제international/global 페미니즘, ⑲ 코즈모폴리턴 페미니즘, ⑳ 문화적 페미니즘, ㉑ 지배 페미니즘, ㉒ 권력 페미니즘, ㉓ 사이버 페미니즘, ㉔ 휴머니스트 페미니즘, ㉕ 여성중심주의 페미니즘, ㉖ 포스트 페미니즘 등 참으로 다양한 이름의 페미니즘들이 있다.

---

2 성차별의 원인과 대안
다양한 페미니즘들의 분석

인류 역사에서 여성에 대한 성차별은 왜 그토록 오랫동안 지속되어 왔는가. 이 문제는 모든 페미니즘이 주목하고 분석하는 부분이다. 크게 세 가지 이론이 있다.

첫째, 여성 억압의 원인은 불평등한 제도와 법이라고 보는 자유주의 페미니즘이다. 이 관점에서 보면 억압을 극복할 해결 방안은 평등한 제도와 법을 통한 평등권equal rights을 획득하는 것이다.

둘째, 억압의 원인은 자본주의라고 보는 마르크스·사회주의 페미니즘이다. 마르크스주의 페미니즘은 여성의 노동이 '생산노동'으로 인정받지 못함으로써 여성이 경제적 독립성을 이루지 못했다면서, 노동 계급으로서의 여성을 착취하는 자본주의를 여성 억압의 주요 원인으로 본다. 사회주의 페미니즘은 마르크스주의 페미니즘의 기본 전제를 수용하면서 자본주의만이 아니라 가부장제를 그 주요 비판대상으로 확장한다. 마르크스주의 페미니즘에서는 여성의 가사노동을 생산노동이라고 보고, 여성을 생산노동을 감당하는 계급class으로 본다. 여성의 경제권economic rights 획득, 그리고 남성과는 다른 계급으로서 존재하는 여성 계급 해방을 여성에 대한 성차별을 넘어서는 해결방안이라는 것이다.

셋째, 여성 억압의 핵심은 가부장제 자체라고 보는 급진주의 페미니즘이다. 가부장제를 중점적으로 비판하면서 여성중심주의에 근거한 성적 권리sexual rights의 확보를 그 해결방안으로 제시한다.

평등권 획득을 통한 해방: 자유주의 페미니즘

자유주의 페미니즘은 성차별과 여성 억압의 주요 원인을 불평등한 제도와 법이라고 본다. 따라서 차별과 억압에서 벗어난 남녀 평등을 위해서는 제도나 법과 같은 객관적 조건들의 변화가 필요하다는 것이다. '자유주의'liberalism라는 표현이 예시하듯이, 자유주의 페미니즘은 자유주의 사상을 인식론적 토대로 차용하고 있다.

자유주의 페미니즘에서의 인간은 합리성의 보유자다. 인간을 동물과 다르게 구분하는 것은 인간이 이성과 합리성을 지닌 존재이기 때문이다. 이성과 합리성을 작동시킬 수 있는 존재로서의 인간은 자율성에 따른 삶을 살고자 한다. 그렇기 때문에 자유주의 사상에서 꿈꾸는 올바른 사회는 개별인들이 자율성을 가지고 살 수 있는 사회다. 이러한 자유주의 페미니즘에서는 남성을 이성과 합리성에, 여성을 감성과 직관에 연결시킨 것에 대해 비판적인 문제제기를 하면서, 여성이 남성과 마찬가지로 이성과 합리성을 보유한 존재임을 강조한다.

자유주의 페미니즘은 여성의 법적 평등을 위한 참정권 운동이나, 교육기회의 평등을 위한 여성의 교육권 획득을 주요 목표로 삼았다. 또한 교육기회의 균등만이 아니라 남성이 누리는 시민으로서의 모든 자유와 경제적 활동을 할 수 있는 기회가 여성에게도 주어져야 함을 강조했다. 자유주의 페미니스트들의 적극적인 운동 덕분에 교육의 균등한 기회나 참정권과 같은 여성과 남성의 법적 평등이 이루어졌다. 그런 의미에서 현대를 살아가고 있는 우리 모두는 자유주의 페미니즘이 뿌린 씨앗의 열매를 먹고 있는 것이다. 그러나 제도적 평등의 중요성을 강조하는 자유주의 페미니즘의 문제의식은 21세기에도 중요한 이슈다. 제도나 법 자체가 남성과 여성에게 불공평하다면, 여성에 대한 차별과 억압을 넘어서는 것은 불가능하기 때문이다.

예를 들어 여성에게 목사나 신부로서의 직책을 허용하지 않는 종교법이 있다. 이러한 차별적 종교법에 문제제기를 하는 방식에는 여러 가지가 있다. 우선 자유주의 페미니즘이 강조하는 바와 같이 여성도 남성과 동일하게 도덕적 판단과 다양한 결정을 할 수 있는 합리적 판단능력이 있다는 것을 강조하면서 남성에게 주어진 기회를 여성에게도 동일하게 주어야 한다고 주장해야 한다. 이러한 제도와 법적 평등은 성차별뿐만 아니라 인종이나 성소수자차별을 넘어서기 위한 변혁운동에서도 중요한 문제다. 성별, 피부색, 장애 여부 또는 성적 지향에 상관없이 어떠한 일을 수행할 수 있는 인간으로서의 '능력'을 보유한 존재라는 것이 강조되어야 하기 때문이다.

자유주의 사상을 군이 내세울 필요도 없이 '모든' 인간이 이성·합리성·자율성을 작동시킬 수 있는 존재이며, 인간으로서의 권리를 부여받아야 하는 존재임을 강조하는 것은 평등사회를 구현하는 출발점이다. 이러한 측면에서 자유주의 페미니즘의 기본정신은 여전히 유효하고 중요하다.

그런 의미에서 자유주의 페미니즘이 지닌 인식론적 한계를 짚어볼 필요가 있다.

첫째, 인간 감정의 중요성에 대한 평가절하다. 초기 자유주의 페미니즘에서는 여성의 이성적이고 합리적인 측면을 강조하다 보니, 이성과 합리성 못지않게 인간에게 중요한 '감정'을 열등하게 치부하는 인식의 오류를 범했다. 인간의 이성과 감성은 편의상 분리해서 논의하지만, 실질적으로는 인간에게 모두 중요한 요소들이며 서로 얽혀 있기 때문이다.

둘째, 인간의 상호관계성inter-relationality에 대한 인식의 결여다. 자유주의 페미니즘은 인간의 개체성, 자유, 독립성, 자율성을 강조하다보니, 인간이 타자와의 관계 속에서 사는 존재라는 상호관계성에 대한 인식이 부재하게 되었다. 이는 결국 여성이 젠더로서만이 아니라, 계층·인종 등과 같이 한 개별인을 구성하는 다른 종류의 요소들과 복잡하게 얽혀 불평등한 구조에서 차별당하고 있는 사실을 보지 못하는 결과를 낳았다. 그래서 자유주의 페미니즘은 '백인·중상층 여성'의 페미니즘이라는 비판을 받기도 한다.

경제권 획득을 통한 해방: 마르크스·사회주의 페미니즘

여성에게 참정권과 교육권이 주어진 후에도, 여전히 많은 여성들은 성차별과 배제를 경험했다. 마르크스주의 페미니즘은 이러한 현상에 물음을 제기하면서 등장했다.

마르크스주의 페미니즘이 계급 문제에 초점을 둔 반면, 사회주의 페미니즘은 계급과 젠더를 중요시한다는 차이가 있다. 그럼에도 사회주의 페미니즘은 마르크스주의 페미니즘과 '계급'으로서의 여성문제에 대한 분석을 공유한다는 점에서 그 둘을 연장선상에서 조명하는 것이 적절하다.

마르크스주의 페미니즘이 우선적으로 다루는 질문은 "여성을 프롤레타리아처럼 하나의 '계급'으로 규정할 수 있는가"이다. 이 질문에 대한 답은 '그렇다'이다. 물론 부르주아 여성과 프롤레타리아 여성 사이에 차이가 존재하지만 거시적 정황에서 보면 여성은 하나의 독립적인 노동자 '계급'을 형성하고 있다고 보는 마르크스주의 페미니스트의 관점은 전통적인 마르크스주의와 다르다. 여성은 가정 안에서 다양한 일을 수행하며, 그 일은 가족구성원에 의해 '사용-가치'use-value를 지닌 생산적 노동으로 간주될 수 있다. 마르크스주의 페미니즘은 이를 근거로 여성을 하나의 노동계급으로 보는 것이다. 이 지점에서 마르크스주의 페미니스트들은 전통적인 마르크스주의를 '젠더 블라인드'gender blind라고 비판한다.*

이렇게 자유주의 페미니즘은 자유주의 사상에, 마르크스 페미니즘은 마르크스주의 사상에 그 인식론적 토대를 둔다. 자유주의 사상이 인간을 다른 종과 구분하는 특징으로 합리성과 이성능력을 내세웠다면, 마르크스주의가 보는 인간의 독특성은 인간의 생산production 능력에 있다. 동물은 생존에 필요한 것을 스스로 생산하는 것이 아니라, '본능'에 따라 살아간다. 반면, 인간은 의도성을 가지고 자신의 삶에 필요한 것들을 생산한다. 인간의 생산능력은 개인적 삶뿐만 아니라 사회정치적 삶을 구성한다. 동물과 달리 인간은 도구를 써서 물고기를 잡고, 건물을 짓고, 농사를 지으면서 생존에 필요한 것을 생산하는 존재다.

생산과 재생산을 통한 물적 토대가 인간의 의식을 구성한다고 보는 것이 바로 마르크스주의적 인간이해다. 즉, 인간의 의식consciousness이 우선하는 것이 아니라, 인간의 물적 토대가 인간의 의식을 결정한다는 것이다. 자본주의는 인간에게 중요한 물적 토대를 이루는 생산을 왜곡하는 경제구조라는 점에서 마르크스주

* Margaret Benston, "The Political Economy of Women's Liberation," *Monthly Review*, 21, no. 4, September 1969, p.16.

의 페미니즘은 전통적인 마르크스주의에서처럼 자본주의를 비판한다.

마르크스주의적 관점에서 보면, 자본주의는 두 가지 중요한 관계 구조로 구성되어 있다.

첫째는 권력관계, 둘째는 교환관계다. 자본주의 사회에서 우리의 노동을 포함해서 모든 것은 교환이 가능한 '상품'이다. 사회를 교환가치와 이익의 극대화를 모색하는 '시장 사회'market society로 규정하는 것이다. 교환 가능한 상품에는 가격이 붙는다. 그런데 그 가격을 누가, 어떤 기준을 정하는가. 교환에서 이러한 '거래' 기준은 권력과 밀접한 관련이 있다. 따라서 자본주의 구조에서 여성을 하나의 노동자 '계급'으로 보는 마르크스주의 페미니즘의 분석은 여러 가지 시사하는 바가 크다.

첫째, 여성을 가사노동자로 자리매김하는 전통적인 이성애 가족제도가 어떻게 권력관계와 교환관계를 기조로 하는 자본주의와 연결되는가를 조명하는 데 도움이 된다. 둘째, 여성의 무임금 가사노동을 '진짜 노동'이 아닌 것으로 평가절하하게 된 것에 대해 치밀하게 분석한다. 한국사회에서는 가사노동과 양육을 전담하는 여성에게 '전업주부'라는 용어를 쓰고 있긴 하지만, '무직'으로 간주하는 경우가 많다. 따라서 마르크스주의 페미니즘의 분석은 매우 중요한 통찰을 준다. 셋째, 자본주의가 발달하면서 여성은 왜 공적영역에서 저임금·단순노동에 시달리는지를 분석한다.

산업혁명 이전에 가정은 다층적 의미를 지닌 '생산의 자리'였다. 부모, 아이들, 친척 등 온 가족은 생존에 필요한 일을 분담하여 수행했다. 즉, 공식적 임금노동이 아닌 자발적 무임금노동으로 생산이 진행되고 그 생산에 의존해 온 가족이 생존을 이어갔다. 가족 구성원이 각기 맡은 일은 노동의 가치에 따른 '위계'가 아니라, 각기 다른 '기능'에 의해 분담이 이루어졌다. 그러나 산업혁명 이후 자본주의 사회에서는 남성은 주로 집 밖으로 나가 회사나 공장에서 일하는 공적영역에 속한 사람으로, 여성은 집 안에서 일하는 사적영역에 속한 사람으로 분리시켰다.

한국사회에서는 지금도 부인이 남편을 지칭할 때 '바깥양반' 또는 '바깥사람'이라 부르고, 남편이 부인을 지칭할 때 '안사람'이라고 한다. 그런데 '안사람'은 '바깥양반'에 상응하는 높임말이 아니다. 이 역시 가부장제의 단면이다. 이러한 표현은 무의식적으로 남성-공적영역, '여성-사적영역'이라는 남성중심적 고정관념을 키우고, 성 분업을 강화하고 재생산하게 된다.

또한 마르크스주의 페미니즘은 자본주의 사회에서 '남성-생산자, 여성-소비자'라는 편견이 고착되고 있는 현상에 대해 비판적으로 문제제기를 한다. 여성이 가정에서 하고 있는 양육·요리·청소·빨래 등 다양한 가사노동은 공적영역에서 '교환'에 포함되지 않지만 가계와 가족구성원의 생존을 위한 필수 노동으로써 분명히 '생산'의 범주에 들어간다는 것이다. 이러한 맥락에서 보면, 여성은 우선적으로 '생산자'이며, '소비자'로서의 역할은 그 다음에 따라오는 것이라는 마르크스주의 페미니즘의 분석은 정확해 보인다. 예를 들어 슈퍼마켓의 주 소비자가 여성인 것은 가정에서의 생산노동에 필요한 소비를 하기 때문이다. 이렇게 보면 남성-생산자/여성-소비자라는 도식의 고정화는 여성의 무임금 생산노동에 대한 왜곡을 지속적으로 재생산할 뿐이다.

산업혁명 이후 자본주의가 주요 경제체제가 되면서, 이러한 성 분업화는 점점 더 노골화·위계화되었다. 이제까지 여성들이 해오던 가사노동을 무임금의 '비생산적 노동'으로 치부하고, 남성들의 임금노동만을 '생산적인 노동'으로 간주하는 가부장제적 자본주의 가치를 강화했다. 흥미롭게도 영어에서 '출산'은 문자적으로 하면 '재-생산're-production이다. 즉, 출산은 일종의 '생산' 행위인 것이다. 그럼에도 여성의 임신과 출산, 즉 '인간의 재생산'은 여전히 '비생산적인 노동'으로 간주되어 왔다. 결과적으로 여성이 수행하는 가사노동은 공적으로 '교환가치'가 인정되지 않았다. 이러한 가사노동 문제가 해결되지 않는다면, 여성의 사회 진출은 여성 해방으로 이어질 수 없다. 여성이 공적영역에서 전업으로 일한다고 해도, 사적영역에서의 가사노동이 여성의 일로만 치부된다면, 여성은 이중부담을 안아야 하기 때문이다.

자본주의는 공적영역에서 여성의 값싼 노동력을 필요로 한다. 예를 들어 한국의 경제 부흥은 공장에 값싼 노동력을 제공한 여성 노동자들이 없었다면 불가능했다. 여성 노동자들은 '여공' 또는 '공순이' 등으로 비하되어 불리면서 한국의 수출지향적 경제개발계획에서 중요한 역할을 했다. 1960년대 이후 한국은 경공업 중심의 산업 발전 전략을 확산했다. 그러한 공장으로 나온 여성은, 가정의 가난을 극복하고자 노동을 택한 어린 여성들이었다. 그들은 성인 남성 노동자가 받는 임금에 비교할 수 없는 저임금을 받으면서, 초과근무를 했다. 결국 이들의 저임금과 초과 근무의 노동력은 한국 경제성장에 중요한 밑거름이 되었다.[*] 그러나 가부장제 사회에서 정치와 경제 권력의 핵심은 언제나 남성의 몫이었다.

마르크스주의 페미니스트들은 여성의 가사노동이 무임금 노동으로 평가절하되는 상황을 극복하는 대안으로 다음과 같은 두 가지 방안을 제시한다. 첫째, 가사노동에 임금을 지불해야 하며, 둘째, 가사노동의 사회화를 모색해야 한다는 입장이다. 먼저, 여성의 가사노동에 임금이 지불되어야 한다는 주장을 살펴보자. 여성의 임신과 출산, 그리고 가사노동은 분명한 '생산'의 영역이다. 따라서 그 노동에는 임금이 지불되어야 한다. 그런데 누가 지불할 것인가. 남편이나 아버지와 같은 개별 남성이 아니라, 국가가 가사노동을 하는 여성에게 임금을 지불해야 한다.[**] 여성의 가

---

[*] 김문정, 「1970년대 한국 여성 노동자 수기와 그녀들의 '이름찾기'」, 『한국학연구』, 49집, 2018년 5월, 309–334쪽.

[**] Mariarosa Dalla Costa and Selma James, "Women and the Subversion of Community," in *The Power of Women and the Subversion of Community*, Bristol, England: Falling Wall Press, 1972, p.34; Wendy Edmond and Suzie Fleming, "If Women Were Paid for All They Do," in *All Work and No Pay*, eds., Wendy Edmond and Suzie Fleming, London: Power of Women Collective and Falling Wall Press, 1974.

사노동이 '생산'이라면, 노동을 한 사람이 임금을 지불받는 것은 당연한 일이다. 그런데 이 방식은 '이론적'으로는 매우 타당한 듯하나, 지금으로서는 실천적 가능성이 희박하다. 또한 실천된다고 해도, 가사노동이 임금노동으로 전환될 때에, 가사노동이라는 단순 노동의 영역에 여성을 더욱 제한시키는 결과를 낳을 수도 있다.

둘째, 마르크스주의 페미니즘은 '가사노동의 사회화'를 대안으로 제시한다. 그런데 '가사노동의 사회화'란 무슨 의미인가. 임신·출산·육아·요리·청소·빨래 등 가정에서 요구되는 일은 끝이 없다. 그런데 이러한 일들을 '개인적인 일'로만 간주한다면, 여성이 가정 밖에서 다른 일을 할 수 없게 옭아매는 덫이 될 수 있다. 포괄적인 의미에서의 가사노동은 개인만의 일이 아니다. 한 사회 전체에 중요한 '사회적인 일'이라는 의식이 필요하다.

예를 들어보자. 육아가 사회적인 일로 간주된다면, 공부를 계속하고자 하는 여성 또는 직업을 가지고자 하는 여성이 육아 때문에 자신의 경력을 단절하거나 하고 싶은 일을 포기하지 않아도 된다. 아이가 어릴 때부터 안전하게 양육을 담당해주는 기관이 충분하고, 육아가 개인만의 일이 아니라 '우리'의 사회적 일이라는 인식이 제도화되면 여성들의 삶에서 '육아'가 장애가 되지 않을 수 있다. 또한 직업을 가진 여성이 출산할 때, 남녀 모두 직장에서 육아 유급휴가를 당연하게 쓸 수 있는 문화가 정착되어야 한다. 가사노동의 사회화란 이렇듯 매우 포괄적인 의미를 지닌다. 남성과 여성 개인들의 의식, 가족과 친지들의 의식, 그리고 사회적 인식과 법을 제정하는 사람들의 인식의 변화 등 광범위한 영역에서의 변화가 필요하다.

2019년 현재 여성의 출산 전·후 유급휴가는 90일이며, 배우자 출산휴가는 3-10일의 유급휴가를 받을 수 있다.* 배우자의 유급 출산휴가 기간이 3일에서 10일로 늘어났다고는 하지만 아직도 너무 짧다. 게다가 배우자의 유급 출산휴가는 '의무 사항'이 아니라 '선택 사항'으로 남아 있다. 따라서 남성은 회사의 눈치를 보며 출산휴가를 쓰지 않는 경우가 많게 된다. 나라미디 출산휴가 제도는 매우 다르다. 육아휴직을 할 경우 자신이 받던 봉급의 몇 퍼센트를 유급휴가에서 받을 수 있는가 등 세밀하게 살펴보면 앞으로 한국이 해결해야 할 문제가 산재해 있다. 독일의 경우 14주의 유급휴가를 가질 수 있으며, 봉급의 100퍼센트를 받는다. 그리스는 43주의 유급휴가를 받는데, 봉급의 54.2퍼센트를 받는다. 이것은 23.3주 동안 봉급의 100퍼센트를 받는 것과 마찬가지다. 프랑스는 17.5주를 받으며, 봉급의 74.4퍼센트를 받는다.**

이러한 유급 출산휴가 제도는 '가사노동의 사회화'의 지극히

---

* 「2019 출산 전·후 휴가 이렇게 바뀌었다」, 『시사 IN』, 2019년 1월 11일자 (https://www.sisain.co.kr/?mod=news&act=articleView&idxno=33592); 「배우자 출산 시 남성 직장인 유급 휴가 10일로 확대된다」, 『중앙일보』, 2019년 8월 6일자(https://news.joins.com/article/23544869). 구체적인 육아휴직 급여 산출 방식은 고용노동부에서 나온 다음의 자료를 참고(http://www.korea.kr/news/ pressReleaseView.do?newsId=156311473).

** https://www.insider.com/maternity-leave-around-the-world-2018-5.

일부를 차지할 뿐이다. 그럼에도 현실적 효과가 있는 적극적인 유급 출산휴가 제도는 가사노동의 사회화에 크게 기여한다. 출산과 양육이 사회적인 일이라는 인식이 제도화되는 것이며, 출산으로 인한 여성의 '경력단절'을 축소화할 수 있기 때문이다. 배우자의 유급 육아휴직을 확대하는 것도 중요한 제도적 과제다. 이러한 제도들을 통해서 출산과 육아가 여성 개인의 일만이 아니라, 배우자의 일이기도 하고, 동시에 사회적 일이라는 인식이 더욱 확산되어야 한다.

가사노동의 주 담당자로서 여성의 역할이 유지된 채 직장생활을 한다면, 그 여성은 두 개의 전임직을 수행하는 것과 마찬가지다. 즉, 남성과 동등하게 직업을 가질 수 있는 기회가 주어졌다 해도, 그것은 여성에게 '해방'이 아니라, 이중의 짐을 지는 것과 같다. 이에 마르크스주의 페미니즘은 출산이나 육아뿐만 아니라 각 가정의 식사를 공동으로 해결할 수 있는 사회적 제도가 있어야 한다고 강조한다. 가족의 식사 준비를 담당하는 여성들은 매끼 무엇을 먹을까 고민해야 한다. 공동식사 제도는 무한반복되는 식사노동에서 여성을 자유롭게 할 대안이 될 수 있다. 물론 이러한 제도가 현실적으로는 실현 불가능할 수도 있다. 그러나 이러한 제안 자체를 통해서 우리는 가사노동을 제대로 분담하지 않으면 그 짐을 계속 지고 가야 하는 것은 여성이라는 인식을 더욱 분명히 하게 되며, 이를 통해 각자 삶의 정황에 맞는 대안들을 개인적 또는 집단적으로 찾게 될 것이다.

마르크스주의 페미니즘의 분석은 이처럼 여성의 노동이 지니고 있는 사회적 의미를 다양한 관점에서 조명하는 데에 중요한 통찰을 준다. 문제를 문제로 보게 하는 것이 바로 이론의 중요한 기여다. 그 문제를 극복하는 대안의 제시가 당장 실현 불가능할 것 같아도, 언젠가 그 불가능성이 가능성으로 전환될 확률이 높아진다.

카를 만하임Karl Mannheim은 사람들이 통상적으로 절대 불가능한 것이라고 생각하는 유토피아utopia를 '절대적으로 실현 불가능한 유토피아'와 '상대적으로 실현 불가능한 유토피아' 두 가지로 나누었다.* 지금의 구조에서는 결코 이루어질 수 없다고 생각되는 것들이 상황이 바뀌면 가능해질 수도 있기 때문이다. 지금은 우리가 당연하게 사용하는 전화, 화상통화, 인터넷 등을 과거에는 많은 이들이 '절대적으로 실현 불가능한 일'이라고 생각했던 것들이다. 그러므로 페미니스트들이 대안으로 제시하는 내용들이 지금 당장 실현 불가능해 보인다고 해도, 적어도 지금의 문제가 무엇인가에 대해 분명히 인식하게 하는 중요한 기능을 한다고 말할 수 있다. 그러니 '불가능성'의 측면만 보면서 이러한 대안 자체를 무효화하기보다, 점차적으로 실현 가능한 대안을 찾아내고 만들어가는 것이 남아 있는 중요한 과제라고 할 수 있다.

마르크스주의 페미니즘에도 한계는 있다. 마르크스주의 페

---

* Karl Mannheim, *Ideology and Utopia: An Introduction to the Sociology of Knowledge*, 1936, Orlando: Harcourt Brace Jovanovich Publishers, 1985, p.197.

미니즘은 여성을 노동자 '계급'으로 간주하기 때문에, 여성에 대한 우선적인 억압자의 역할을 하는 것은 남성이 아닌 '자본'이라고 여긴다. 결과적으로 마르크스주의 페미니즘은 '남성에 의한 여성의 억압'이라는 '젠더' 관점을 부차적인 것으로 본다. 따라서 여성의 출산, 성적 자결권, 인공유산, 매매춘, 성폭력 등 여성의 몸이 '생물학적 자리'로 취급되는 문제와 더불어 남성중심적 권력이 행사되는 '사회정치적 자리'라는 것을 조명하는 데에 통찰을 주지 못하는 한계를 지닌다.

마르크스주의 페미니즘의 대안을 수용하면서, 동시에 이러한 한계를 극복하고자 하는 것이 사회주의 페미니즘이다. 마르크스주의 페미니즘이 여성의 '계급'에 초점을 두었다면, 사회주의 페미니즘은 여성이라는 '계급'과 '젠더'를 모두 중요한 분석의 틀로 삼고 있다. 따라서 마르크스주의 페미니즘이 '자본주의' 비판에 초점을 둔 반면, 사회주의 페미니즘은 자본주의뿐만 아니라 가부장제도까지 그 주요 비판대상으로 삼는다.

이 점에서 사회주의 페미니즘은 마르크스주의 페미니즘보다 복합적이고 포괄적인 이론적 틀과 실천적 대안을 제시한다. 사회주의 페미니즘은 가부장제가 자본주의 구조와 밀접한 연관성을 가진다고 본다. 가부장제는 자본주의적 물적 토대 위에서 공고해지는 남성 간의 남성중심적 사회 가치이며 관계구조다. 자본주의 사회에서 가부장제는 남성 간의 상호의존성과 연대를 구축하면서 그들이 여성을 지배하도록 하는 사회문화적 메커니즘을 구성하고, 강화하고, 유지한다. 예를 들어서, 한국사회에서 남성들 간의 회식 문화, 학연, 인맥, 지연 등은 남성 간의 끈끈한 관계망을 통한 연대로 가부장제를 유지하는 데 중요한 역할을 하고 있다.

사회주의 페미니즘의 분석에 따르면, 사적영역인 가정에서도 가부장제적 가치와 자본주의적 가치가 맞물려 구성되고 작동된다. 가정은 출산, 섹슈얼리티, 다층적 친족 관계, 그리고 아이들의 사회화가 이루어지는 곳이다. 따라서 가정은 이념적이고 사회생물학적인 자리이며, 경제적인 공간이다. 가정은 이렇게 복잡한 여러 요소들이 겹쳐 있는 공간이기에, 가정에 전적으로 매이는 삶을 살고 있는 여성들의 해방은 더디기만 하다.

여성의 무임금 가사노동을 '비생산적 노동'으로 보는 자본주의 구조에서는 임금노동을 하는 남성이 가정과 사회의 중심부를 차지하고 동시에 자본주의를 강화한다. 여성을 지배하고자 하는 가부장제적 '남성의 욕구'는 노동자를 지배하려는 '자본가의 욕구'와 맞물린다. 남성의 여성지배 욕구는 보편적이며, 자본주의는 가부장제를 더욱 강화하고 재생산한다. 여성은 자본주의 사회에서 다양한 방식으로 가부장제를 경험한다. 직장에서는 임금으로 차별받고, 성희롱과 성폭력을 경험하며, 가정에서는 무임금노동을 도맡는 존재다. 명절이 되어 친인척들이 모이면, 사회적 직업이 있든 없든 여성은 부엌에서 노동하면서 친인척의 식사를 준비하고, 차리고, 치우는 일을 계속해야 한다. 가사노동 분담의 의미를 아는 소수의 남성을 제외하고 대부분의 남성은 음식을 먹으며 거실에서 명절을 즐긴다.

사회주의 페미니즘은 공적·사적영역에서 가부장제와 자본주의는 쌍둥이 억압구조로 작동되고 있다고 본다. 따라서 개인적 이익의 극대화가 최고의 덕목인 자본주의에서, 공공의 선common good이 우선적 덕목인 사회주의로의 전이가 필요하며, 자본주의만이 아니라 가부장제에 대한 복합적인 비판과 극복을 주장한다.

성적 권리 획득을 통한 해방: 급진주의 페미니즘

급진주의 페미니즘은 매우 다양한 방향과 양태로 세분화되어 전개되었다. '급진적'radical이라는 말의 라틴어 어원은 '뿌리'radix, root라는 의미를 지닌다. 즉, 급진적이란 '뿌리로 간다'going to the root는 함의를 지니며 근원적이고 혁명적인 변화를 모색하는 것을 의미한다. 급진주의 페미니즘은 모든 억압의 양태 중에서 여성에 대한 가부장제적 억압을 가장 근원적인 억압이라고 본다. 이것은 '뿌리에서부터의 변화'를 모색한다는 점에서 '급진적'이다. 남성우월주의사상을 제거하고 모든 사회·경제적 상황을 급진적으로 재구성할 것을 요청한다.

급진주의 페미니즘의 관점에서 보자면, 여성 억압의 근본 원인은 여성의 생물학적 기능이다. 따라서 여성 억압과 차별을 극복하기 위해 탈가부장제적으로 여성의 생물학적 조건을 재조명하고, 성차별과 여성 억압의 현실을 근본적으로 재구성하려는 것이다. 급진주의 페미니즘은 종교·과학·문학·예술·음악 등 다양한 분야에서 여성중심적으로 전개되어 왔다. 특히 남성이 어떤 방식으로 여성의 몸을 통제하고 여성을 남성에게 종속된 존재로 만들어왔는지를 분석한다. 남성은 임신, 출산, 인공유산, 포르노그라피, 성희롱과 성폭력 등 다양한 통로를 통해 여성을 지배해 왔다. 자본주의든 사회주의든 그 어떤 양태의 사회이든, 여성의 몸은 개인적·국가적으로 남성 권력이 행사되는 자리였다.

급진주의 페미니즘 역시 그 안에 다양한 입장들이 있지만 의견이 일치하는 인식론적 출발점과 강조점을 간략하게 살펴보자. 첫째, 여성은 역사적으로 가장 억압받아 온 집단이다. 둘째, 여성의 억압은 전 세계 모든 사회에 가장 광범위하게 확산되어 있다. 셋째, 여성의 억압은 근절시켜야 할 억압의 가장 강력한 양태로서 계급사회의 폐지와 같은 사회변화에 의해 제거될 수 없는 뿌리 깊은 억압이다. 넷째, 여성의 억압은 가해자나 피해자가 인지하지 못하는 경우에도 피해자에게 질적으로나 양적으로 가장 심각한 고통을 야기시킨다. 다섯째, 여성의 억압은 다른 종류의 모든 억압을 이해하는 개념적 모델이 된다.*

이러한 인식론적 출발점에서 급진주의 페미니즘은 "개인적인 것은 정치적이다"라는 모토를 대중화시켰다. 이 모토는 '사적

---

* Rosemary Tong, *Feminist Thought: A Comprehensive Introduction*, Boulder&San Francisco: Westview Press, 1989, p.71.

인 것은 정치적'이라는 의미를 담고 있기도 하다. 공적영역과 사적영역이 상호연관되어 있다는 뜻에서 드러나는 것처럼 급진주의 페미니즘은 여성에게 일어난, 지극히 개인적이라고 생각했던 일들이 실제로는 사회·정치적인 문제들과 밀접하게 연결되어 있음을 강조한다. 예를 들어 인공유산, 피임, 강간, 폭력 등 한 개인 여성의 몸에 일어난 일은 여러 정치적인 함의를 가지고 있다.

남성과 달리 여성은 임신과 출산이라는 생물학적 기능을 지니고 있다. 이것은 여성의 사적·공적 생활에 막대한 영향을 끼쳤다. 여성과 남성의 생물학적 '차이'에 근거하여, 남성들은 가부장제를 우리가 숨 쉬는 공기처럼 '자연스러운' 가치로 만들어왔기 때문이다. 가부장제와 그것에 동조하는 많은 남성들은 여성과 남성의 생물학적 '차이'를 여성에 대한 '차별'을 정당화하는 '무기'로 사용해오고 있다. 가부장제 사회에서 살아온 여성 역시 그러한 가부장제적 가치를 내면화하여 여성들의 생물학적 기능을 여성의 가장 우선적인 역할로 규정했다. 그렇다고 해서 '모든' 남성들이 가부장제를 재생산하고 강화하는 주체라고 할 수는 없다. 왜냐하면 여성과 마찬가지로 남성 역시 어떠한 사회적 위치에 있는가에 따라서 다른 남성의 지배하에 있기 때문이다. 좀더 구체적으로 조명해보자.

남성의 여성지배를 의미하는 가부장제 논리는, 다른 양태의 지배-종속 구조와 이어진다. 모든 관계를 '우월-열등'으로 나누고, 우월한 쪽은 열등한 쪽을 지배해도 된다는 '지배의 논리'를 구성한다. 지배의 논리는, 경제적 권력을 지닌 남성과 그렇지 못한 남성, '일류' 대학 출신 남성과 '삼류' 대학 출신 남성, 비장애 남성과 장애 남성, 또는 서구 남성과 비서구 남성 등 남성들 간에 존재하는 다층적 관계 양태에서 '남성 우월-여성 열등' 또는 '남성지배-여성 종속'이라는 지배와 종속의 메커니즘을 작동시키는 방식으로도 연결된다.

따라서 가부장제가 유지됨으로써 '모든' 남성이 이득을 보는 것은 아니다. 경제적·사회정치적 또는 교육 권력을 지니지 못한 남성들은 가부장제적 가치체제가 양산하는 지배의 논리에 의해 권력을 지닌 남성들에게 종속된 삶을 살게 된다. 그뿐만이 아니다. 가부장제적 가치를 거부하는 남성은 '남자답지 못한 남자' '비정상적 남자'로 간주되면서 다른 남성들로부터 배제된다. 그러면서도 '남성 대 남성'의 관계에서 경제 권력을 지닌 남성에 의해 지배를 받는 비권력층 남성이 여성과의 관계로 들어오면 또다시 지배의 논리를 자연스럽게 실행하곤 한다.

박노해의 시 「이불을 꿰매면서」에는 근로자로서 노조 일을 하면서 기업주의 억압에 저항하는 "성실한 모범 근로자"가 가정에 돌아와 아내를 억압하고 착취하는 "가정의 독재자"가 되었음을 고백한다.* 남성 기업주는 저항하는 '민중'인 남성노동자를 억압하고, 사회에서 억압받은 남성노동자는 가정으로 돌아와 아내

---

* 박노해, 「이불을 꿰매면서」, 『노동의 새벽』, 느린걸음, 1984, 28-30쪽.

의 억압자가 된다.

이 시는 지배 논리의 남성중심적 순환을 정확하게 드러낸다. 동시에 노동자를 '민중'이라고 하면서 '민중'이라는 계급 범주를 '절대적 피해자'absolute victim 위치로 규정하는 통상적인 이해에 제동을 걸고 있다. 남성은 집 밖에서는 노동자로서 자본가의 착취를 경험하는 '피해자'이지만, 집 안에서는 자신의 부인에게 '억압자'로 군림한다.

그렇다고 해서, 여성을 단순히 '민중 속의 민중'으로 범주화할 수는 없다. 이러한 '피해자 집단의 일반화'는 모든 남성을 억압자로 분류하는 '가해자 집단의 일반화'와 동일한 오류다. 여성 역시 남성과 마찬가지로 젠더만이 아니라, 경제적 계층, 장애 여부, 학력, 가정 배경, 외모, 성적 지향 등 다양한 요소들에 의해 피해자가 되기도 하고, 가해자의 위치에 서기도 하기 때문이다. 이러한 지점에서 페미니즘 이론과 실천의 복합화와 교차성의 문제가 발생한다.

그렇다면 여성의 생물학적 기능을 가장 직접적으로 드러내는 임신, 출산, 양육의 핵심을 이루는 모성의 문제를 어떻게 생각해야 하는가. 우선 이 문제를 다루기 전에 '모성'에 대한 이해를 좀더 구체적으로 조명해보자. 모성이 무엇을 의미하는가는 자명하지 않다. 개인에 따라서 또는 사회문화적 정황에 따라서 다양하게 이해된다. 페미니즘 이론에서 논의되는 모성은 다음과 같은 양태로 나눌 수 있다. '경험으로서의 모성' '제도로서의 모성' '생물학적 모성' '사회적 모성'이다.* 급진주의 페미니즘에서는 여성의 모성을 여성 억압의 근본 원인으로 보거나 반대로 여성 해방에 필요하다고 본다.

첫째, 여성의 모성을 억압의 근본 원인으로 보는 입장에서는 가부장제에 의한 여성의 구조적 억압은 남자와 여자의 생물학적 불평등에서 기인한다는 점을 강조한다. 따라서 '경제적 계급' economic class보다 더 근원적인 억압 구조는 '성 계급'sex class이라고 본다. 따라서 생물학적 성sex이 자본주의라는 경제체제보다 더 강력하게 가부장제적 체제에 일조한다고 주장한다.**

이런 급진주의 페미니즘의 관점에서 보면, 여성의 진정한 해방은 '생물학적 혁명'biological revolution을 통해 가능하다. '생물학적 혁명'은 피임, 임신중절abortion, 인공수정artificial insemination, 체외 수정vitro fertilization 등과 같은 테크놀로지의 발달을 필요로 한다. 발전된 기술이 대중화될 때, 여성에 대한 억압이 발생하는 전통적인 '생물학적 가족'은 사라지게 된다. '계약에 근거한 모성'contracted motherhood과 같은 새로운 방식에 의해 '모성'이 재구성됨으로써 결과적으로 남성과 여성의 역할과 기능은 그 격차를 좁힐 것이다.

둘째, 여성의 모성은 여성 해방에 중요하다고 보는 급진주의

---

* 모성을 두 가지 양태로 나누는 이러한 분류에 대하여는 다음을 참조하라. Adrienne Rich, *Of Woman Born: Motherhood as Experience and Institution*, New York: W. W. Norton, 1979.

** Shulamith Firestone, *The Dialectic of Sex: The Case for Feminist Revolution*, New York: Bantam Books, 1970, pp.1-12.

페미니즘이 있다. 여성의 출산 기능은 남성이 유일하게 여성에게 의존할 수밖에 없는 부분이다. 그렇다면 기술의 힘을 빌려 여성의 생물학적 기능을 축소화하는 것은 오히려 그 기술을 통제하는 권력을 지닌 남성에게 더욱 강력한 여성지배의 도구를 주는 것과 같다는 것이다. 또한 생물학적 가정의 해체는 '경험으로서의 모성'을 하찮은 것으로 비하할 가능성에 노출된다. '부성'fatherhood과 달리 직접적 출산을 통해 아이를 낳는 여성은, 모성을 경험함으로써 자신의 고유한 세계를 구축할 수 있는 것이다. 그런데 '모성'의 중요성을 강조하는 급진주의 페미니즘 안에서도 '모성'을 어떻게 규정할 것인가에 대해서는 입장이 각기 다르다. 첫째, 자신이 직접 낳은 아이를 양육하는 '생물학적 모성'을 강조하는 입장, 둘째, 자신이 직접 낳지는 않았지만 아이와 약자를 돌보는 역할을 하는 '사회적 모성'을 강조해야 한다고 보는 입장이다.

그런데 '생물학적 모성'에 집착할 경우, 결과적으로 가부장제가 규정하는 '제도로서의 모성' 속에 여성을 가두게 되는 위험성이 있다. 가부장제가 구성하는 '제도로서의 모성'은 모든 여성의 가장 중요한 기능은 임신·출산·양육이며, 그 기능을 수행할 때 비로소 '정상적 여성'이 된다고 여긴다. 여기서 여성의 공적 활동은 언제나 부차적인 것이 되고, 비혼이나 무자녀 여성은 문제가 있는 '비정상적 여성'이 된다. 예를 들어, 아이가 있는 여성이 공적 활동을 하려 할 때, 그 여성은 '제도로서의 모성' 관점에서 시시때때로 사회가 규정하는 '좋은 엄마'인가를 '검증'하는 시험

대에 놓인다. 워킹맘들은 '나쁜 엄마'가 될까봐 노심초사하며, 이른바 '슈퍼우먼 신드롬'에 시달린다.

제도로서의 모성에 대한 이해가 우선하는 사람들이 모인 직장에서는 어떤가. 직장 내에서 워킹맘은 '아이에게 엄마가 필요한 순간 언제나 달려가는 사람'으로 각인되어 있다. 그 여성의 '전문성'은 제대로 인정받지 못한다. 이러한 가부장제적 현실에서 여성의 '생물학적 모성'을 부각시키는 것은 여성 해방이 아니라, '제도로서의 모성'으로 여성을 다시 얽매는 결과를 낳는다. 따라서 여기에서의 대안은 '생물학적 모성'이 아닌 '사회적 모성'이다.

사회적 모성이란 자신이 낳은 아이만을 대상으로 하는 생물학적 모성을 넘어서서, 입양이나 공동육아 등을 통해 아이를 보살피고 키우는 구조에서의 모성이다. 가부장제적 관점에서 구성된 생물학적 모성에 관한 '신화'는 다음과 같다. 첫째, 모든 여성은 어머니가 되어야만 한다는 신화다. 이러한 '신화'는 아이들이 어릴 때부터 사회화된다. 어릴 때부터 여자아이들은 소꿉놀이 장난감으로 부엌살림을 하며 요리를 하고 상을 차린다. 또한 아기 인형에게 우유병을 물리고, 재우고, 업어준다. 마찬가지로 학교, 종교, 미디어 등에서 재현하는 여성의 우선적 이미지 역시 '엄마로서의 여자'다. 이렇게 여자아이들은 결혼해서 '엄마'가 되는 것이 '정상'이라는 생각을 주입받는다. 장난감 총이나 자동차를 선물받고 이른바 '남자 세계'를 접하는 남자아이들 역시 '남성성의 신화'를 주입받으며 사회화된다. 이렇게 여자와 남자는 '태어나는 것이 아니라, 만들어지는 것'이다. 이러한 맥락에서 보면, 모성도 '태어나는 것이 아니라, 만들어지는 것'이다.

그런데 이러한 모성 이데올로기ideology의 폐해가 개별 여성에게만 미치는 것인가. 아니다. 모성 이데올로기는 개인적 차원에 한정되지 않고, 다음과 같은 심각한 사회적 함의로 이어진다.

첫째, 가부장제적으로 구성된 '모성 이데올로기'는 이성애 결혼 관계만이 '정상'이라는 전제하에 구성된다. 결과적으로 비혼 여성, 무자녀 여성, 또는 성소수자와 같이 전통적인 이성애 결혼 관계 구조에 맞지 않는 사람들은 모두 '비정상'의 범주에 속한다.

둘째, 모성 이데올로기의 신화는 모든 어머니들이 자신의 자녀를 필요로 한다고 전제한다. 이른바 '모성 본능'maternal instinct과 같은 개념은, 바로 모든 여성은 자녀가 있어야 하는 존재라는 신화를 재생산한다. 여성에게 '태어난 모성 본능'이란 존재하지 않는다. 자신의 아이를 학대하고, 방치하고, 폭력을 행사하고, 살상까지 하는 '생물학적 어머니'들은 어느 사회를 막론하고 도처에 있다. '모성 본능'은 사회문화적으로 구성되고, 강화되고, 재생산된 것일 뿐이다.

셋째, '모성 이데올로기'의 신화는 모든 아이들에게 생물학적 어머니가 필요하다고 전제한다. 그러나 이것 역시 여러 가지 허점이 있다. 고아원에서 자란 아이보다 생물학적 어머니와 함께 자란 아이들이 언제나 더 '훌륭한' 돌봄을 받는다고 할 수 없기 때문이다. 아이들은 '생물학적 아버지'나 '사회적 아버지'에게 돌봄을 받을 수도 있고, '사회적 어머니'에게 돌봄을 받을 수도 있다. 아이의 바른 성장에서 중요한 것은, 그 아이의 어머니가 생물학적 어머니인가 아닌가가 아니라, 어떠한 돌봄을 주는 사람에 의해 양육되는가의 문제인 것이다.* 또한 '사회적 모성'은 아이뿐만 아니라 돌봄이 필요한 노약자나 다양한 계층의 사람들에게까지 확장되어야 하는 개념이다.

그런데 이러한 '사회적 모성'에도 딜레마가 있다. 아무리 그 개념이 '사회적'으로까지 확장된다고 해도, '모성'이라는 단어를 차용하는 한, 아이를 포함한 사회적 약자에 대한 돌봄의 주 담당자는 여전히 '생물학적 여성'이라는 생각으로 이어지기 때문이다. 이 점에서 나는 '사회적 부모성'social parenting이라는 개념을 부각시키는 것이 더욱 바람직하고 필요하다고 생각한다.

물론 한국어의 '부모'父母라는 말에도 문제가 있다. '아버지'와 '어머니'를 합한 '부모'라는 개념은 우선적으로 이성애 가족만을 전제하기 때문이다. 이렇게 '남자-아버지, 여자-어머니'라는 도식을 전제한다면, 동성애 부부는 자신들과 아이와의 관계에 '부모'라는 개념을 차용하기 어렵다. 이런 의미에서 새로운 개념은 지속적으로 만들어져야 하며, 번역의 문제가 있을 때는 적절한 개념이 만들어질 때까지 대안적 언어를 그대로 음역하는 것도 필요하다. 따라서 이성애적 결합을 정상적 방식이라고 생각하게

* Ann Oakley, *Woman's Work: The Housewife, Past and Present*, New York: Pantheon Books, 1974, pp.186–203.

하는 '사회적 부모성'이라는 개념보다 오히려 '소셜 페어런팅'social parenting이라고 영어를 음역하는 것이 가정을 이루는 다양한 결합 양태가 존재하는 현대사회에 더 적합한 개념이라고 생각한다.

어떤 페미니즘을 택하는가: '표지-너머'의 페미니즘

성차별적 억압의 원인과 대책을 분석하는 페미니즘은 이렇듯 다양하다. 그러나 본래 모든 이론은 각기 다른 강점과 한계점을 지니고 있기 마련이다. 그렇기 때문에 서로 배타적이거나 상충적일 필요는 없다. 모두 다른 표지marker를 사용하고 있는 페미니즘의 다양한 분석과 관점은 상호보완적인 의미를 지닐 수 있기 때문이다. 각기 다른 관점을 지닌 페미니즘에 자유주의, 사회주의, 급진주의 등의 라벨을 붙이는 것은, 경우에 따라서 필요하기도 하다.

그러나 이론 간에 겹치는 지점들이 존재하고 하나의 이론이 현실의 모든 문제를 해결할 수 없다는 점에서, 페미니즘 이론을 배타적으로 구분하는 것은 한계를 지닌다. 예를 들어 법적·제도적 평등을 강조하는 자유주의 페미니즘의 논의들을 수용한다고 해서, 여성의 경제적 독립성이나 경제권 등 물적 조건의 중요성을 강조하는 마르크스주의 페미니즘이나 사회주의 페미니즘을 간과할 수는 없다. 또한 인공유산이나 포르노그라피 문제를 다룰 때 여성의 몸은 권력이 개입되는 정치적 장political site이 되므로 여성이 성적 권리를 쟁취해야 한다는 급진주의 페미니즘의 주장은 매우 유효하다. 그러니 어느 하나의 이론만을 절대화하면서 다른 이론을 배제하는 것이 아니라, 각기 다른 페미니즘이 지닌 공헌점과 한계점을 동시에 보면서 구체적인 정황에 맞게 수용하는 것이 중요하다.

각기 다른 페미니즘이 지닌 장단점은 있지만 상이한 정황에 모두 맞는 분석을 제시하는 단 하나의 페미니즘 관점은 없다. 따라서 하나의 페미니즘의 양태를 절대화해서 모든 정황에 적용하는 것은 위험하다. 인간이해를 위한 개체성과 독립성을 강조한 자유주의 페미니즘은 인간의 상호 연관성, 즉 여성 간의 계층적·인종적·성적 지향에서의 차이가 가져오는 복합적인 불평등구조에 대해서는 대안을 제시하기 어렵다. 인간은 개체적 존재이면서 동시에 타자와의 관계성 속에서 살아가야 하는 상호연관성을 지닌 존재라는 인간이해로까지 확장되어야만 하기 때문이다.

또한 마르크스주의 페미니즘은 여성에 대한 이해를 '계급'으로 강조하면서, 인간이 지닌 물적·심리적·정서적 조건을 외면했다. 그래서 사회주의 구조에서도 왜 여전히 여성은 가부장제에 의한 억압과 지배를 받고 있는지에 대한 분석이 부재하다. 반면, 급진주의 페미니즘은 가부장제의 폐해에 대한 치밀한 분석에 크게 공헌했지만, 생물학적 본질주의를 차용함으로써, 생물학적 성뿐만 아니라 사회적 성, 즉 젠더, 계층, 인종, 성적 지향 등 다양한 요소들 역시 페미니즘의 중요한 주제라는 점을 간과했다는 한계를 지닌다.

이러한 맥락에서 볼 때, 다양한 페미니즘 이론 가운데 어느 하나만을 택해서 절대시하는 일은 득보다 실이 크다. 정황에 따라 대안은 달라져야 하기 때문이다. 어떤 정황에서는 평등권이 가장 중요한 대안이 되기도 하며, 또 어떤 정황에서는 여성의 경제권이나 성적 권리가 중요한 문제로 부각되어야 한다.*

우리에게는 다양한 이름의 페미니즘이 주는 통찰을 이해하고, 동시에 그 한계까지 짚어 보아야 하는 이중적 과제가 있다. 이러한 맥락에서 나는, '표지-너머의 페미니즘'이 필요하다고 본다. 다양한 이름의 페미니즘들은 특정한 정황에 개입하는 담론이며 실천방식이다.

따라서 복합적인 차별과 혐오 현실을 변화시키기 위해서는 각기 다른 이론들의 통찰과 변화 전략이 필요하다. 이 점에서 내가 제시하는 '표지-너머의 페미니즘'은 각기 다른 페미니즘들의 통찰을 수용하면서, 특정한 이름이 붙여진 표지 자체에 고정되어 절대화하는 한계를 넘어서기 위한 복합적인 담론적 전략이라고 할 수 있다.

---

* 다양한 페미니즘에 대한 보다 자세한 논의는 강남순, 「페미니즘 서설」, 『젠더와 종교』, 동녘, 2018을 참조.

인간(여성)으로서의 세 가지 기본 권리

1. 평등권equal rights

2. 경제권economic rights

3. 성적 자결권sexual rights

3 여성은 누구인가
여성은 인간이다

'자연화'의 위험성

여성은 누구인가. 고대로부터 내려오는 여성에 대한 상징이나 이미지들이 있다. 흔히 대중적으로 재현되는 여성의 이미지는 성적 대상물이거나 출산 능력과 관련된 이미지들이다. 생태담론에서 대중화되어 많은 이들이 사용하는 '어머니–자연'Mother Nature이라는 상징적 표현은 이미 '자연화'되어서 대부분의 사람들은 그러한 표현을 당연하게 받아들인다.

남성을 '문화'에, 여성을 '자연'에 결부시키는 이러한 고정된 이미지는, 여성의 생물학적 기능과 분리불가의 관계에 있다. 에코 페미니즘에서도 어머니–자연이라는 메타포를 차용하지만, 이 이미지는 자연을 왜곡시키는 것은 물론, 여성도 왜곡시킨다. 생명을 출산하고, 생명을 돌보고, 끊임없이 주기만 하는 '헌신적인 존재'로 이상화되고 낭만화된 어머니–자연 메타포는, 분노·파괴 등 다양한 측면을 간과한다. 자연이 생산적이기도 하고 파괴적이기도 한 것처럼, 여성 역시 한 인간으로서 수천의 결을 지닌 존재라는 것을 외면한다.

또한 어머니-자연과 같은 메타포에서 남성의 생물학적 기능은 매우 축소되는 반면, 여성의 생물학적 기능은 확대·부각된다. 이는 가부장제적 가치를 강력하게 정당화하게 된다. 이렇게 자연화된 이미지들 때문에 남성은 진취적이고 창의적인 공적 존재로, 여성은 과거지향적이고 보존적이며 수동적인 사적 존재로 부각된다. 그런데 이러한 여자의 생물학적 기능은 여성의 사회정치적 기능에 어떠한 역할을 하는가. 이 물음은 '여성은 도대체 어떤 존재인가'라는 물음과 만나게 된다.

여성이 누구인가라는 물음은 언제나 남성과의 관계 안에서만 규정되어왔다. 여기서 남성은 주체the Subject이지만, 여성은 언제나 타자the Other였다. ○○의 딸, ○○의 부인, ○○의 엄마, ○○의 며느리 등 한 개별인으로서의 여성은 언제나 남성이나 가족 관계 속에서 규정된다. 보부아르를 포함한 자유주의 페미니스트들은 여성도 '인간'이라는 점을 강조한다. 그렇다고 해서 이들이 남성과 여성이 지닌 생물학적 차이를 간과한 것은 아니다. 다만, 그러한 생물학적인 차이가 본질적인 것은 아니며 가장 중요한 것은 여성 역시 남성과 마찬가지로 다양한 특성을 지닌 한 '인간'이라는 점이다. 즉, 남성과 여성이 지닌 생물학적 차이가 그 '인간됨'에 어떠한 결정적인 역할을 하지 않는다는 것이 그들 주장의 핵심이다.

이러한 맥락에서 "여성은 태어나는 것이 아니라, 만들어진다"는 보부아르의 선언은 페미니즘 이론사에서 매우 중요한 획을 그은 사건이다. 여성에 대한 전통적 이해인 '생물학적 본질주의' biological essentialism에 대한 정면 도전이었으며, 사회적 구성주의social constructionism의 의미를 지니기 때문이다. 1949년에 출간된 보부아르의 책『제2의 성』에서 그는 '생물학적 본질주의' 또는 '사회적 구성주의' 등과 같이 현재 대중화되어 있는 개념들을 사용하지는 않았다. 그러나 보부아르의 간결한 선언은 생물학적 본질주의를 정면으로 비판하고 여성성과 남성성이 사회문화적으로 구성된다는 사회적 구성주의 입장을 대변하고 있다.

가부장제적 관점에서 여성 이해는 여성이 지닌 임신과 출산 기능을 기반으로 여성을 언제나 생물학적 기능에 매이게 만들었다. 생물학적 기능을 완수하는 것, 즉 임신·출산·양육으로 이어지는 모성을 경험할 때 '진정한 여성'으로 거듭난다는 여성 이해가 고착된다. 이것은 여성을 사적영역에, 남성을 공적영역에 속한 존재라는 것을 자연화한다. '자연화'는 그 문제에 물음표를 박탈한다는 점에서 위험하다. 생물학적 여성 이해에서 여성은 비합리성과 모호성을 지닌 존재다.

반면 남성은 합리성과 명증성을 지닌 존재로서 이 세계를 구성하는 중심에 서 있다. 남성은 이 세계의 주체로서 지식을 생산하고, 확산하고, 보존하는 존재라는 남성중심주의androcentrism와 남근중심주의phallocentrism가 곳곳에 스며들어 있다. 남근중심주는 남성적인 것the masculine 또는 남근the phallus을 이 세계의 의미나 사회적 관계를 구성하는 데 특권적 위치에 놓는 사상이다. 신의 표상을 '남성'으로 규정하는 사유 방식은 바로 이 남근중심주의의 예를 보여준다.

Key Ideas Box 16

남근중심주의

남근중심주의는 남성성 또는 남근the phallus을 이 세계의 의미 구성이나 사회적 관계를 구성하는 데에 특권적 위치에 놓는 사상을 의미한다. 남성을 주체로, 여성을 객체로, 즉 타자화된 대상으로 규정하는 사유방식은 이러한 남근중심주의적 인간관과 세계관에서 기인한다.

이 개념은 1927년 어니스트 존스Ernest Jones가 지그문트 프로이트Sigmund Freud와의 논쟁과정에서 만들었고, 자크 라캉Jacques Lacan에 의해 대중적으로 논의되기 시작했다.

남성중심주의적 사상을 통해 구성된 전통적인 여성과 남성에 대한 이해는 다음과 같다.

남성중심적 여성 이해

남성	여성
능동적	수동적
이성적	감정적
공격적	직관적
지배적	복종적
책임적	비책임적
객관적	주관적
강인함	연약함
지성적	유아적
독립적	의존적
선	악
우월	열등

여성에 대한 부정적 이해는 남성중심적인 인간관과 세계관에서 기인한다. '잘못된 남성'misbegotten male이 여성으로 태어나므로 여성은 열등한 존재라고 본 아리스토텔레스Aristoteles의 여성 이해는 단지 서구에만 있는 사상이 아니다. 동서고금을 막론하고 여성에 대한 부정적 이해는 여성혐오사상의 토대를 이루었으며, 모든 지식체계 속에 침투되어 있다.

여성은 인간이다

페미니즘은 이러한 전통적인 부정적 이해를 넘어서고자 시도한다. 여기에서 페미니즘 간의 큰 관점 차이는 여성이 지닌 생물학적 구조가 여성에게 본질적인 여성만의 변할 수 없는 특성을 부여하는가생물학적 본질주의, 아니면 변하지 않는 여성만의 특성이란 실제로는 사회문화적으로 학습되고 구성된 것사회적 구성주의인가 하는 것이다. 생물학적 본질주의를 차용하는 급진주의 페미니즘은 특히 '여성중심주의적 페미니즘'gynocentric feminism을 구성한다. 반면 사회적 구성주의를 차용하는 자유주의 페미니즘은 변하지 않는 여성됨womanhood의 추구가 아니라, 인간됨humanhood을 추구하는 '휴머니스트 페미니즘'humanist feminism의 맥락에서 담론과 실천으로서의 페미니즘을 전개하고 있다.

'여성'은 '인간'을 구분하는 하나의 범주일 뿐이다. 페미니즘의 출발점이 '여성'이라고 해서, 여성이 한 개별인을 이루는 유일한 결정 인자는 아니라는 것이다. 따라서 '여성이 누구인가'라는 물음에 대한 우선적 이해는 '여성은 인간이다'라는 점이다. 페미니즘을 규정하는 다양한 정의가 있다. 정황에 따라서 다른 페미니즘의 정의가 사용될 수 있다. 그런데 나는 모든 정황에 우선적으로 적용할 수 있는 페미니즘의 보편적 정의는 "페미니즘은 여성도 인간이다라는 급진적 사상"이라고 생각한다. 이 정의는 이론과 운동으로서의 페미니즘의 핵심을 간결하게 그리고 매우 포괄적으로 담고 있기 때문이다. 페미니즘에 대한 포괄적인 정의는 여성이 모든 것을 지배하는 여성중심적 세계를 추구하는 것이거나, 또는 여성에 대한 차별의 극복만이 이 현실세계에서 가장 중요하다는 편협한 페미니즘을 넘어서게 한다. 페미니즘이 궁극적으로 추구하는 세계는 생물학적 여성만이 아니라, '모든' 사람들이 '인간'으로 간주되는 세계가 되어야 한다.

이런 맥락에서 보자면, 대중적으로 회자되고 있는 "미래는 여자다"The Future is Female라는 모토는 페미니즘에 대한 매우 협소하고 왜곡된 이해를 불러올 수 있다. 더구나 '여성'woman이 아닌 '여자'female는 생물학적 지표다. 이러한 모토는 '역전의 정치'politics of reversel 또는 '복수의 정치'politics of revenge의 흔적을 드러낸다. 즉, 이제까지 남자가 지배하던 세계였으니, 앞으로는 여자가 지배하는 세계를 만들어야 한다는 함의를 지니는 것이다. "미래는 여자"와 같은 모토는 특정 정황에서는 이제까지의 관습적 이해를 뒤집는 일시적인 인습타파적 효과를 지닐 수는 있다. 그러나 이러한 모토가 페미니즘 운동의 궁극적 목표인 것처럼 대중적으로 그리고 지속적으로 사용되고 확산되는 것은 페미니즘을 단순히 '여자 대 남자'의 대립적 관계로 이해하게 만들 위험성이 있다.

'권력과 특권'의 문제를 '여자 대 남자'라는 단순 구조로 설정하면, 이어서 '여자-피해자, 남자-가해자'라는 고착된 형태로 차별문제를 보게 된다. 그런 경우 여성이 자신의 인종, 계층, 또는 다른 종류의 특권적 위치에 의해서 다른 사람들에게 가해자가 될 수 있는 현실을 외면하게 되는 것이다. 성차별뿐만 아니라, 얽히고설켜 있는 다층적 차별의 문제를 복합적으로 보아야만 한다.

예를 들면 내가 미국의 대학교에서 첫 세미나 수업에 들어갔을 때 학생들에게 한 질문이 있다. "내가 강의실에 들어왔을 때, 나에게서 무엇을 보았는가?" 하는 것이었다. 강의실을 채운 것은 주로 백인 학생들이었고, 나만 '외국인'이었다. 새로 온 교수의 질문이 의아한 듯 학생들은 선뜻 대답하지 않았다. 잠시 침묵이 흐른 후, 나는 학생들에게 내가 한 질문을 내게 되물어 보라고 했다. 그러자 어느 학생이 "강의실에 들어왔을 때 우리에게서 무엇을 보았습니까?"라고 내게 되물었다. 나는 "인간을 보았다"고 답했다. 학생들이 말을 하지는 않았지만, 내가 강의실에 들어섰을 때 어떤 학생들은 내가 백인이 아닌 유색인종임을 먼저 보았을 수도 있고, 내가 남자가 아닌 여자라는 점을 먼저 보았을 수도 있다. 또는 나의 모국어가 영어가 아니라는 언어적 타자성을 먼저 보았을 수도 있다.

강의실에서 나는 이른바 주류에 속하지 않은 주변부인으로서의 카드를 여러 개 가지고 있었던 것이다. 남성이 아닌 여성으로서 성차별의 피해자라는 '젠더 카드,' 백인 주도 사회에서 유색인종이므로 인종차별의 피해자라는 '인종 카드', 영어 언어제국주의English linguicism의 피해자로서 '언어 카드'였다. 내가 위치한 정황에서 나는 성차별, 인종차별, 언어차별의 피해자라는 '피해 당사자성'의 외면적 조건들을 지니고 있다. 나는 나의 학교에서 나의 피해자성을 앞세울 충분한 외적 근거들이 있는 듯하다.

그런데 또 다른 한편으로, 나는 다른 종류의 권력과 특권의 자리에 있다는 점을 인지해야 한다. 우선 교수로서 나는 학생들의 성적을 좌우할 수 있는 '제도적 권력'을 가지고 있다. 박사학위 소지자로서 '교육 특권'과 '사회적 권력'을 가지고 있다. 따라서 인종, 성별, 또는 언어에서 내가 가진 피해자성을 주장할 수 있지만, 다른 면에서는 권력과 특권의 자리에 있다는 것이다.

사회적 권력과 특권은 대부분 개인이 확보하고 주장해서가 아니라, 이렇게 제도적 또는 사회구조적 측면에서 주어지곤 한다. 따라서 한 개인의 권력과 특권은 구체적이고 특정한 정황 속에서 논의되어야 한다. 즉 '남자-억압자, 여자-피억압자'와 같은 단순한 방식의 접근은 매우 위험하다. 동시에 다양한 권력의 구조에서 한 사람은 어느 측면에서는 특권층에 속하기도 하고, 또 다른 측면에서는 피해자로 살아갈 수도 있다는 점을 기억해야 한다. 이것이 우리가 미시적 정황과 거시적 정황을 오가며, 어떤 차별과 억압상황을 포괄적으로 보아야 하는 이유다.

권력과 특권의 복잡성 문제를 들여다보기 위해서, 내 수업에 들어오는 흑인 남학생의 예를 들어보자. 그는 흑인으로서는 인종적 피해 당사자성을 지닌다. 그러나 남성으로서는 젠더 권력을 지닐 수 있다. 그리고 그 학생이 이성애자라면 이성애중심사회에서는 성적 권력의 자리에 있기도 하다. 또한 그가 경제적으로 중상층인가 아닌가에 따라서 자명한 듯한 '인종적 피해 당사자성'

의 사회적 함의는 달라지게 된다. 또한 거시적 정황에서 보자면, 세계 최강국이라는 미국의 시민권을 가졌으며 대학원에서 고등교육과정에 있는 사람이다. 이 점에서 그는 본인이 주장하든 하지 않든 국가적 권력과 교육 특권의 자리에 있게 된다.

이렇듯 한 사람의 삶은 다양한 요소들에 의해서 규정될 수 있기에 어느 한 요소만을 가지고 어느 정황에서나 '절대적 피해자성'을 주장하기는 어렵다. 이것이 바로 현대의 페미니즘이 젠더만 주목하면 안 되는 이유다.

물론 페미니즘의 출발점은 생물학적 여성에 대한 성차별이다. 그러나 페미니즘의 도착점은 다양한 차별의 극복이어야 한다. 특히 한국에서는 교육 배경—대학 졸업자라고 해도, 이른바 지방대학에 대한 차별 현상 등—외모, 결혼 여부, 나이 등과 같은 요소에 따라 같은 여성이라도 각기 다른 차별과 배제의 경험을 하게 한다. 또한 한국사회에서의 페미니즘은 페미니즘 이론 일반이 드러내지 않는 문화적 요소들까지 조명해야 하는 과제를 지닌다. 남북 대치상황으로 인한 강력한 군사주의, 지역주의, 학연과 인맥에 따른 배제와 차별, 결혼한 여성들을 가정에 얽매이게 하는 억압적 입시제도, 결혼한 여성들의 직장생활에서의 차별, 극심한 나이차별주의 등은 일반 페미니즘 이론을 복합화시키면서 조명해야 하는 문제들이다. 생물학적 여성문제만이 아니라, 트랜스젠더나 성소수자 문제 역시 페미니즘의 중요한 주제가 되어야 하는 것은 물론이다.

4 페미니즘 안에서의 여성
정체성의 정치학

그렇다면 운동과 이론으로서의 페미니즘에서는 여성을 어떻게 규정해왔는가. 1960년대 이후 서구에서는 이른바 '정체성의 정치학'politics of identity이 사회 변혁운동과 그 이론적 구성에서 매우 중요한 역할을 해왔다. 여성·흑인·성소수자 등과 같이 이전에는 사회적 소수자이자 발화의 객체spoken object로서만 존재하던 주변부인들이 '발화의 주체'speaking subject로 등장하면서, 스스로 자신이 누구인가를 선언하는 것이 '정체성의 정치학'이라는 개념으로 논의되기 시작했다. 정체성의 정치학은 젠더·인종·성적 지향 등 다양한 그룹 간에 또는 동일한 그룹 안에서도 여러 가지 입장들로 전개되었다.

'여성은 누구인가'라는 물음은 그동안 남성에 의해 규정되어 왔다. 그러나 이제 여성 스스로 '나/우리 여성은 누구인가'를 묻고, 규정하면서 페미니즘 운동과 이론 안에서도 여성을 어떻게 규정하는가의 문제, 즉 '정체성의 정치학'은 다양한 방식으로 전개된다. 정체성의 정치학에서 논의되는 '정체성'이란 두 가지 모습을 지닌다. 첫째, 사회적으로 규정된 정체성socially ascribed identity, 둘째, 스스로 규정한 자기-정체성self-claimed이다.

예를 들어서 가부장제 사회에서 규정한 여성의 정체성은 결혼·임신·출산·양육·가사 등과 밀접하게 연결되어 있다. 반면, 여성 스스로 규정한 정체성은 그 여성이 누구인가에 따라서 생물학적 기능에 연결시키는 정체성도 있고, 생물학적 여성됨을 넘어서서 '인간'이라는 사실을 우선적으로 보는 정체성도 있다. 정체성의 정치학을 간략하게 살펴보자면, '긍정의 정체성' '차이의 정체성' 그리고 '얼터리티의 정체성' 등 세 가지 형태로 분류할 수 있다.

긍정의 정체성

1960년대 다른 사회변혁운동과 함께 여성운동이 가시화되면서 등장한 '정체성의 정치학'은 부정적으로 규정되었던 전통적 '여성'에 대한 이미지를 긍정적인 것으로 변화시키고, '가부장제적 가치의 전도'를 시도한다는 의미를 지닌다. 남성보다 열등한 존재로 간주된 '여성'은 이제 자부심을 가지고 그 여성됨을 강조하는 정체성을 구성하고자 한다. 백인 주도사회인 미국에서 1960년대에 흑인민권운동이 확산되면서, "나는 흑인이며, 그 흑인됨이 자랑스럽다"I'm Black and I'm Proud라는 모토가 등장한 것과 마찬가지다. "나는 여성이며, 그 여성됨이 자랑스럽다"I'm Woman and I'm Proud라

는 의미로 재해석할 수 있는 이 '긍정의 정체성'identity of affirmation
은 사회적 주변부에 있던 여성들이 발화주체가 되어서, 여성이라
는 것이 열등성 때문이 아니라 가부장제적 편견과 차별적 가치관
에 의해 '열등한 존재'로 강요되어왔다는 점을 부각시킨다.

여성은 이제 주변부적 존재로서가 아니라, 당당한 존재로서
의 자기 정체성을 내세움으로써, 여성들이 여성운동에 자부심을
가지고 연대하는 중요한 토대가 되었다. '여성은 하나'라는 깃발
아래 모든 여성이 모일 수 있는 원동력을 부여하면서, 모든 여성
의 '자매애'sisterhood를 구성하는 정체성으로 기능했다.

차이의 정체성

'차이의 정체성'Identity of difference은 '긍정의 정체성'을 보다 구
체적으로 부각시키는 특징을 지닌다. 남성과의 '차이성'difference을
전면에 부각시킴으로써 여성의 정체성을 구성하는 것이다. 이러
한 차이의 정체성은 많은 경우 '본질주의'essentialism에서 출발한다.
차이의 정체성은 우선적으로는 여성이 남성과 다른 점을 부각시
키면서, 생물학적 본질주의를 차용한다. 여성의 생물학적 기능과
구조를 남성보다 열등한 것이 아닌 우월한 것으로 가치를 전도하
면서 여성은 덜 이기적이고, 돌봄의 주체이며, 생명을 탄생시키
는 존재로서 남성보다 우월한 존재임을 강조한다.

여성과 남성의 생물학적 차이는 '본질적인 것'으로써 그 차

이에 있어서 여성은 남성보다 평화적이며, 이타적이며, 돌보는 존재로서 '생명-사랑biophilic의 문화'를 창출할 수 있다고 본다. 이는 남성이 폭력이나 전쟁 등을 통하여 '죽음-사랑necrophilic의 문화'를 만드는 존재로서 부정적으로 간주되는 것과 대비를 이룬다.

그런데 이러한 '차이의 정체성'은 남성과의 차이를 강조하는 '여성'이라는 측면에서만 전개되는 것이 아니다. 차이의 정체성은 백인 여성과 구분되는 흑인 여성, 아시아 여성, 아프리카 여성, 멕시코 여성 등 여성들 안에서 인종적 차이를 부각시켰다. 그러면서 페미니즘 안에 다양한 인종적 또는 문화적 표지를 지닌 '차이의 정체성의 정치학'이 등장한다. 결과적으로 생물학적 본질주의에 기초한 '차이의 정체성의 정치학'은 예를 들어서 '흑인'으로서의 인종적 본질주의racial essentialism, '아시아인'으로서의 종족적 본질주의ethnic essentialism나 문화적 본질주의ethnic, cultural essentialism를 차용하는 다양한 얼굴로 등장한다. '차이의 정체성'은 백인 페미니스트들에게는 '여성'이라는 생물학적 본질주의를 강조하고, 백인 여성이 아닌 여성들은 그러한 생물학적·본질주의적 구조보다 인종적 본질주의나 문화적 본질주의를 더 강조하는 '차이의 정체성의 정치학'들이 출현했다. 그런데 이러한 '차이의 정체성'들은 어떠한 의미가 있는가.

생물학적 본질주의에 기반한 여성으로서의 '차이의 정체성'은 남성과는 다른 생물학적 차이를 지닌 여성만의 특성에 돌봄,

생명 사랑, 또는 평화의 추구와 같은 사회문화적 의미를 부여한다. 이 점에서 부정적으로만 인식하던 '생물학적 여성'은 남성보다 우월한 품성을 지닌 사회문화적 존재로 자리매김하게 된다. 또한 비非백인 여성들에 의한 '차이의 정체성'의 등장은 '백인 여성'이 주도하고 구성하는 '여성으로서의 정체성'만으로 자신들의 경험이 반영되지 않는다고 생각하는 '비非백인 여성'들이 남성과 다른 여성으로서의 차이만이 아니라, 백인 여성과는 다른 '비非백인'으로서의 차이의 정체성을 구성한다는 점에서 인종이나 문화적 경험의 차이가 젠더 속에 함몰되지 않도록 경계하면서, 인종적 소수자로서의 자신들의 경험을 페미니즘 구성에 반영하고자한다. 이 점에서 '차이의 정체성'은 페미니즘이 '젠더'만이 아니라, 인종·문화·계층·성적 지향 등 다층적 요소들을 동시적으로 조명하고 개입해야 한다는 점을 상기시키는 긍정적 의미를 지닌다고 할 수 있다. 그러나 '차이의 정체성의 정치학'은 이러한 긍정적 의미만이 아니라, 심각한 한계와 위험성도 지니고 있다.

첫째, 동질화homogenization와 전체화totalization의 문제가 있다. 예를 들어서 생물학적으로 여성이라고 해서 동일한 품성을 지니는 것이 결코 아니다. 그런데 이러한 차이의 정체성은 '모든' 여성을 동질적 존재로 전제하면서, 그 여성을 전체 여성으로 총체화한다. 이렇게 동질화된 고정관념 속에 여성을 집어넣는 순간, '모든 여성은 똑같다'고 하는 가부장제적 오류를 반복하게 된다. 여성은 '젠더'로서만 살아가는 것이 아니라, 무엇보다도 한 인간으로서 복합적인 결을 지니고 살아가는 존재라는 인식을 배제하게 된다. 이와 마찬가지로 흑인 여성이나 아시아 여성이라고 해서 동질적 인간이 아니다. 인종적·문화적 공통성이 있다고 해서, 모든 여성이 인종적·문화적 '동질성'을 이루고 있다고 보기 어렵다는 것이다. 한 인간으로서의 개별성이 억눌리고, 젠더로만, 특정한 인종으로만, 또는 특정한 문화 속의 여성으로만 살아간다는 '동질성homogeneity의 정체성'으로 남게 된다는 점이 그 한계와 위험성이다.

'모든 여성은 동질적'이라는 전제를 가지고 그것을 '여성 전체'로 고정시키는 '전체화'의 위험성은, 페미니즘 안에서도 '진짜 여성'과 '가짜 여성'을 나누게 된다. 예를 들어서 '트랜스여성'을 페미니즘에서 배제하고자 하는 '트랜스배제 급진주의 페미니즘' 터프 TERF: Trans Exclusionary Radical Feminism은 '고착된 생물학적 여성'만이 '진짜 여성'이라고 간주하면서 '트랜스여성'을 '여성'의 범주에서 배제한다. 남성과 마찬가지로 '여성도 인간'이라는 사실을 제도화하기 위해 시작된 페미니즘이 '시스여성ciswoman만이 인간'이며 '트랜스여성'transwoman은 페미니즘에서 배제하겠다고 한다면 그것은 '페미니즘의 이름으로 페미니즘의 정신을 배반'하는 예가 된다.

둘째, '차이의 정체성'은 '탈역사화'의 위험성을 지닌다. 여성 간에 인종적·문화적 차이를 주장한다 해도, 고정된 표상으로서의 여성을 부각한다면 여성이 한 인간으로서 지니는 '이질성'

heterogeneity을 억누르게 된다. 결과적으로 끊임없이 변화하는 현대 세계의 역사적 정황들에 개입하는 '역사적 존재'로서의 역동적인 존재방식을 상실하게 된다. '본질주의'에 갇힌 여성은, 그 본질주의가 생물학적이든 인종적·종족적이든 시대를 초월해서 언제나 '고정된 존재'로 존재하는 것이기 때문이다. 이러한 차이의 정체성을 강조하는 페미니즘은 현대 페미니스트 정치에서 중요한 '교차성'의 개념을 차용하는 운동이나 이론을 구성하기 어렵다. 정체성 구성의 출발점은 '나'가 아닌 비교대상의 '그들'이다. '그들'의 차이성에 근거하여 '나/우리'의 정체성을 구성하는 것은 결국 '그들'이 젠더·인종·성적 지향·장애 여부·종교·국적 등 다양한 요소들을 동시적으로 조명할 토대를 마련하지 못하게 된다는 한계도 지닌다.

결국 '긍정의 정체성'이나 '차이의 정체성'에 근거한 페미니즘은 각기 다른 방식으로 '여성'을 동질적이고 고정된 존재로 부각한다는 한계를 지닌다. 이 두 종류의 정체성의 정치학은 페미니즘 이론이나 운동의 전개과정에서 그것이 만들어낸 중요한 기여에도 불구하고, '득'보다는 '실'이 많다고 나는 본다. 물론 가야트리 스피박Gayatri Chakravorty Spivak의 '전략적 본질주의'strategic essentialism라는 개념처럼, 페미니즘 운동의 차원에는 간혹 '본질주의'가 필요한 정황들이 있다.* 그러나 그 본질주의는 '전략적'이고

* Gayatri Chakravorty Spivak, *The Postcolonial Critic: Interviews, Strategies, Dialogues*, ed. Sarah Harasym, New York & London: Routledge, 1990, p.11.

'잠정적'인 것이지, 영구적인 것으로 고정할 경우 오히려 '여성'을 복합성을 지닌 '인간'으로 보기 어렵게 만든다는 점에서 경계해야 한다. 이러한 한계를 넘어서는 것이 '얼터리티의 정체성'identity of alterity이라고 나는 본다.

얼터리티의 정체성

여성과 같이 주변부인으로서 살아오던 사람들의 '정체성의 정치학'은 '여성'으로서의 자부심과 긍정적 요소를 부각시키거나 또는 남성과의 차이, 백인과의 차이 등을 내세우는 방식으로 정체성을 구성하는 '단일 정체성'single identity의 특성을 지니며 전개되곤 한다. 이러한 '긍정의 정체성'과 '차이의 정체성'은 '우리-그들의 이분법', 본질주의화, 동종화, 이종성의 억제, 이상화, 권력과 특권 문제의 지나친 단순화, 또한 억압의 교차성의 문제를 간과하는 한계를 지닌다. '얼터리티의 정체성'은 이러한 한계를 넘어서는 복합적인 정체성을 구성하면서, 한 인간이 지닌 다층적 구조를 담아내고자 하는 시도다.

내가 '얼터리티'alterity를 번역하지 않고 음역하는 것은 '다름'이라고 번역할 경우 '차이'difference와 유사한 개념으로 이해하는 사람들이 많기 때문이다. '얼터리티'와 '차이'의 결정적인 구별점은, '차이'란 '남성'과의 차이, '백인'과의 차이 등과 같이 언제나 그 차이를 드러내는 '비교대상'이 필요하다. 이러한 비교의 문제점은 '비교의 기준을 누가, 어떻게 설정하는가'이다. 비교 기준을 설정하는 것에는 결국 권력구조나 기존의 편견이 개입된다는 위험성이 있다. 반면 '얼터리티'는 그 어떤 요소와의 비교를 전제하지 않고, 그 존재방식의 '다름'을 그 자체로 받아들이는 것이다.

한 인간이 지닌 '혼종성'hybridity은 집단적 단순화란 불가능하다는 것을 보여준다. '혼종성'이라는 개념은 포스트콜로니얼 이론의 '삼위일체'the Holy Trinity 가운데 하나라고 일컬어지는 호미 바바Homi Bhabha가 대중화시킨 개념이다.* 한 인간은 주변부와 중심부, 피해자와 가해자, 피억압자와 억압자 등 정황에 따라서 이러한 다층적 위치성locationality 속에 자리 잡고 산다. 노동자 남성이라면 자본주의 사회에서 계층적으로는 주변부일 수 있지만, 남성이라는 점에서 가정에서는 중심부/가해자의 위치에 서기도 한다.

거꾸로 부유한 여성들은 단지 '여성'이라는 이유로 언제나 피해자나 주변부의 위치에 있는 것이 아니다. 경제적으로 가난한 남성이나 여성 위에 군림하는 가해자의 위치에 서기도 한다. 그 어떤 개인도 '순수하게 하나'이기만 할 수 없다. 한 사람 속에는 상충적이고 다층적인 요소들이 겹쳐 있다. 한 개인은 분류하기 어려울 정도로 얽히고설킨 실타래처럼 복합적인 요소로 구성

---

* Homi Bhabha, *The Location of Culture*, New York, Routledge, 1994, p.4. 이른바 포스트콜로니얼 이론의 '삼위일체'라고 불리는 이론가는 에드워드 사이드(Edward Said), 가야트리 스피박, 그리고 호미 바바다.

되어 있다. '혼종성의 정체성'identity of hybridity은 이렇게 한 개별인을 구성하는 무수한 요소들을 그대로 받아들이면서, 하나의 표지만으로 구성하는 '단일 정체성'의 한계를 넘어선다.

'얼터리티의 정체성'은 인간 개별인이 지닌 그 '혼종성'의 의미를 수용하면서, 규정불가능성의 구조를 강조한다. 여성 개별인 각자가 인간으로서 지니는 다층적 구조를 그대로 수용하는 '얼터리티의 정체성'은 그 어떤 사람도 고정된 존재로 규정될 수 없다는 것을 알게 한다. 또한 개별인이 여성·인종·계층·장애·성적 지향 등 다양한 표지에 의해 고정되자마자, '해체'deconstruction의 사건을 통해서 총체화의 위험으로부터 벗어나게 한다.

얼터리티의 정체성은 '동질성의 연대'solidarity of sameness를 넘어서서 '다름의 연대'solidarity of alterity를 가능하게 한다. 연대하는 이유는 '우리-그들'이 동질성을 공유해서가 아니라, 각기 고유한 한 인간으로서 차별과 배제를 넘어서고자 연대하는 것이기 때문이다.

페미니즘은 하나인가. 결코 하나가 아니다. 이제까지 살펴본바와 같이 페미니즘에는 참으로 다양한 관점이 존재한다. 여성에 대한 억압과 차별의 원인과 대안 분석도 다르고, '여성'이 누구인가를 보는 관점도 페미니즘 안에 다양하게 존재한다. 그 다양한 관점 때문에 어떤 문제에 대한 분석이나 대안 제시에서 페미니스트들은 상충하기도 하고, 서로 비판하기도 한다.

그러나 관점의 차이에도 불구하고, 각기 다른 이름의 페미니

즘은 특정한 정황에 맞는 통찰을 지니고 있다고 나는 본다. 이것
은 한 양태의 페미니즘만을 절대화하고 고정시키지 말아야 하는
이유이기도하다. 따라서 '표지-너머의 페미니즘'은 바로 현재 존
재하고 있는 다양한 페미니즘들의 각기 다른 통찰은 물론 한계까
지 함께 보면서, 자신이 개입하는 특정한 정황에 맞는 페미니스
트 분석을 하고자 하는 포괄적인 페미니스트 접근방식이라고 할
수 있다.

다섯 번째 질문

남성과 페미니즘은
어떤 관계인가

1 남성은 태어나는 것이 아니라 만들어진다
남성성의 신화

'형제 코드'의 문화적 구성

1949년에 출판된 『제2의 성』에서 보부아르는 "여성은 태어나는 것이 아니라, 만들어진다"고 말했다. 이것은 생물학적 성을 본질적인 것으로 받아들이던 전통적인 이해에 대한 근원적인 문제제기인 동시에 사회문화적 성gender이 존재한다는 것을 명증적으로 보여주는 선언이었다.

그러나 보부아르가 현재 통용되고 있는 '젠더'라는 개념을 사용한 것은 아니다. '젠더'는 1952년 존 머니John Money가 처음으로 소개했으며, 페미니즘 이론에서 대중화되기 시작한 것은 1970대다.* 그렇기에 1949년에 나온 보부아르의 책에서 젠더라는 개념 자체가 소개된 것이 아니라는 점은 분명하다. 그러나 "여성은 태어나는 것이 아니라, 만들어진다"는 말은 페미니즘 이론에서

---

* John Money, *Hermaphroditism: An Inquiry into the Nature of a Human Paradox*, Boston: MA: Harvard University, 1952.

차용하고 있는 젠더 개념을 간명하게 담아내고 있다는 점에서 의미심장하다. 왜냐하면 생물학적으로 부여된 성인 여자-남자에게 이른바 '여성성' 또는 '남성성'이라는 특성은 자동적으로 부여되는 것이 아니라, '사회적으로 구성'social construction된다는 젠더 개념을 분명하게 담고 있기 때문이다.

여성이 태어나는 것이 아니라 만들어진다면, 남성 역시 태어나는 것이 아니라 만들어진다. 여자의 '여성성' 그리고 남자의 '남성성'은 태어날 때부터 지니는 것이 아니라, 다양한 통로를 통해서 사회적으로 구성되고, 학습되고, 강요되고, 확산되고, 재생산된다. 그러한 생산·재생산 과정을 통해서 남성성의 신화는 매우 '자연스러운 것'으로 자리 잡는다. 또한 '자연화' 과정에서 의심 없이 수용된 남성성이나 여성성의 '신화'는 우리의 근원적인 물음을 차단한다. 탈자연화가 요청되는 이유다. 탈자연화는 사람들이 통상적으로 자연스럽다고 여기는 것들이 실상은 인위적으로 만들어진 것임을 밝혀내는 일이다.

반反성차별antisexist 운동에 매우 적극적으로 활동하고 있으며, 대학에서 철학과 젠더학을 가르치는 키이스 교수가 감독하고 제작한 「형제 코드」라는 제목의 다큐멘터리 영화가 있다. 이 영화는 탈자연화 과정을 통해 남성 문화가 어떻게 사회전반에 성차별주의를 생산하고 재생산하는가를 세밀하게 보여준다. 남성 문화를 재생산하는 방식은 크게 네 가지다. 첫째, 남자를 바람둥이로 훈련시켜라. 둘째, 남자를 포르노그라피에 빠지게 하라. 셋째, 강간을 농담으로 만들어라. 넷째, 남성성을 강요하는 문화에 복종하라.*

이런 방식으로 확산된 남성성의 문화, 즉 '형제 코드'는 남성들에게 성차별주의는 멋있고, 정상적이고, 추구해야 하는 것으로 여기도록 만든다. 남성들은 형제 코드를 통해 여성에 대한 복합적이고 강력한 성차별을 자연화해온 것이다.

남성들이 즐기는 스포츠나 음악에 하나의 공통점이 있다면, 그것은 여성을 성적 대상으로 간주한다는 것이다. 스포츠, 영화, 음악, 포르노 등에서 그려지는 '이상적' 남성은 영화 「007」의 주인공 본드James Bond와 같은 남성이다. 돈에 구애받지 않을 정도의 재력이 있고, 육체적으로 매력적이며, 권력까지 가진 남자는 자신이 원하면 언제나 여성을 성적 대상으로 취할 수 있다. 대부분의 남성들은 '제임스 본드'가 되고 싶어 한다. 이러한 남성에게 여성은 단지 성적 대상으로 소비되는 소모품일 뿐이다. 어떤 방법을 통해서든 자신이 성적 관계를 가지고 싶은 여성을 쟁취하는 것은, 결국 그 남성이 지닌 권력의 징표다. 많은 여성과 관계를 가지는 남자, 즉 우머나이저womanizer는 결국 남성의 권력과 특권의 상징이다. 그런데 흥미롭게도 영어 표현에 '우머나이저'에 상응

---

* Thomas Keith, written and produced, "The Bro Code: How Contemporary Culture Creates Sexist Men," MA: Media Education Foundation, 2011. 이 영화에 대한 보다 자세한 정보는 다음을 참조하라(https://shop.mediaed.org/the-bro-code-p148.aspx).

하는 '매나이저'manizer라는 단어는 존재하지 않는다. 역사에서 여성이 남성과 같은 의미의 권력과 특권을 가지고 불특정 다수의 남성과 지속적으로 성관계를 가지는 경우는 없었다는 것을 드러낸다. '형제 코드'에 의해 구성된 성차별 문화에서 남성의 '남자다움'은 여성을 지배하고 통제하는 '능력'을 통해서 증명된다. 즉, '남자다운 남자'라면 자신이 원하는 대로 여자를 마음대로 할 수 있는 능력을 지닌 남자라는 것이다.

남성성 신화의 재생산

그렇다면 '형제 코드' 문화에서 여성은 어떠한 존재로 재현되는가. 남성이 여성을 성적 대상으로 간주하는 '형제 코드'가 생산·재생산되고 있는 문화에서, 여성은 그 남성의 관심을 받기 위해서 다른 여성과 경쟁하며, 질투와 시샘으로 점철된 존재로 그려진다. 문제는 이렇게 스포츠, 드라마, 영화, MTV 등 다양한 매체를 통해 여성에 대한 성차별적 문화가 지속적으로 재생산되고 강화된다는 것이다. 음악 방송 채널 MTV는 음악만 방송하는 것이 아니라, 다양한 방식으로 여성에 대한 성차별을 강화한다. MTV를 비롯한 매체들이 생산하고 있는 성차별주의 문화를 환호하며 받아들이는 환경에서 자라는 남자아이들은, 그러한 매체의 주인공 남성들을 모방하고 싶어 한다.

결국 그들이 성인이 되어서는 여성을 자기 마음대로 대하는 것이 '남자다움'이라고 생각하는 성차별주의적 여성 이해를 하게 된다. 여성은 얌전하고, 순종적이며, 성적 어필이 가능해야 매력적으로 보이고, 남성은 육체적으로 강하고, 가능하면 많은 섹스 파트너를 가지는 것이 권력과 특권으로 여겨진다. 이렇게 다양한 미디어들을 통해 '형제 코드'가 확산되면서, 남성은 태어나는 것이 아니라 만들어진다.

많은 여성을 자신의 성적 대상으로 생각하고 행동하는 '우머나이저'들은 이른바 '똑똑한 여자'는 '섹시하지 않은 여자'로, '멍청한dumb 여자'는 '섹시한 여자'로 동일시한다. 우머나이저에게 '똑똑한 여자'는 위협적 존재다. 남성이 하는 행위에 대해 '왜'를 묻기 때문이다. 그렇기에 '왜'를 묻지 않고 남성이 하자는 대로 따르기만 하는 '멍청한 여자'는 통제하기도 쉽고, 성적 대상화하기도 수월하다.

대부분의 포르노 영화는 여성을 단순한 성적 대상으로만 재현하면서, 남성성의 신화를 강화하고 재생산한다. 포르노 영화는 여자를 지배하고 가능하면 많은 여자를 성적으로 탐닉하는 것이 '남자다움'을 이뤄내는 것이라는 지독한 성차별적 시선으로 구성된다. 포르노 영화나 잡지는 남성들의 '성교육' 역할을 한다. 이러한 매체를 통해서 구성된 남성들의 인식세계에서 남성과 여성의 관계는 인격적 관계가 아닌 지배와 종속의 관계로 각인된다. 여성은 '성적 노리개'라는 인식에서 남성들이 자유롭기는 참으로 어려운 문화인 것이다. 이러한 문화에서 남성은 여성 자신이 성적으로 대상화되는 것을 좋아한다고 생각하게 된다.

인터넷으로 모든 종류의 포르노 영상물에 접속이 가능한 시대에, 이러한 포르노물을 자주 접하는 남성과 친밀한 관계를 가지는 여성은 성차별적 상황에 놓일 가능성이 훨씬 높다. 키이스는 「형제 코드」를 통해 현대 포르노 영상물들은 두 파트너의 평등한 관계를 설정하는 것이 아니라, 여성에게 모욕적이고 폭력적인 양태의 관계로 설정되어 구성된다고 경고한다. 남성이 여성을 '성노리개'sexual playthings로 취급하고, 여성에게 모욕적인 행위를 하면서 성관계를 맺고, 그 다음에는 싫증난 물건처럼 함부로 취급하는 극도의 여성비하적 성행위가 많은 포르노 영상물의 주를 이루고 있다. 어릴 때부터 이러한 성차별적인 매체를 접하며 자라는 남자아이들은 여성을 성적 대상으로 취급하는 남성의 이미지를 모방하면서 성인이 되어간다. 중고등학교를 지나서 대학을 가고, 졸업 후에 직장생활을 하면서 여성지배적인 남성성의 문화는 더욱더 공고해진다. 남성성의 문화를 거스르는 남자는 종종 '남자답지 못한 남자' 또는 '게이'로 낙인찍힌다.

많은 사람들은 포르노 영상물에 대한 이러한 비판을 종종 '반反섹스'anti-sex라고 오해한다. 그러나 이것은 '반反섹스'가 아니라, '반反성차별'anti-sexist이라는 점을 주지해야 한다. 또한 포르노 영상물이나 잡지를 보는 것은 '개인적 선택'의 문제라고 생각할 수도 있다. 그러나 개인의 선택이 성차별적이고 비인간적인 가치관을 흡수·확산하는 통로라면 그것은 더 이상 순수한 '개인적 선택'으로 볼 수 없다. 개인과 사회는 분리불가의 관계에 속한다. 이는 한 개별인의 '선택'이 어떠한 사회적 함의를 지니는가를 보여준다. "개인적인 것은 정치적이다"라는 여성운동의 모토는 이 경우에도 적용된다. 성차별적이고 여성혐오적인 포르노 영상을 보는 '개인적 선택'은 한 사회에서 여성에 대한 혐오와 비하를 자연화하는 '정치적 함의'를 지닌다.

2018년 말부터 2019년까지 한동안 사회를 떠들썩하게 만들었던 '버닝썬 사건'은, 여성이 남성에 의해 어떻게 '성적 대상'으로만 취급되는지를 보여준다. 이른바 '성접대'라는 이름하에 여성을 개체적 인격체가 아닌 사업을 위한 '접대품'으로 대하는 극도의 성차별주의적 사건이었다. 한국에 '성접대'라는 개념이 존재한다는 자체가 한국의 성차별 현실을 드러낸다. '성접대'라는 개념은 성차별 문제만이 아니라, 기업윤리business ethics적 차원에서도 문제가 된다. 공정성에 기반해야 할 사업에 왜 '성'을 앞세우는 '접대'가 필요한 것인가. 아마 이런 질문을 하면 '한국적 정서'를 몰라서 하는 말이라고 생각하는 사람들도 있을 것이다. 그러나 기업윤리를 파기하고 공평한 과정을 생략하면서 접대받은 사람의 편파적인 호혜에 의존하는 사업양태가 '한국적 정서'로 고착화되는 것은 여러 가지 복합적인 문제를 지닌다.

더구나 그 접대가 여성을 성상품화하는 '성접대'라면 한국사회의 사업풍토에는 근원적인 변혁이 필요하다.

그런데 여성을 성적 대상으로 이용하는 일은 개인적 차원에서도 일상화되고 있다. 예를 들어보자. '조각모임'이라고 불리는 남성들만의 모임이 있다고 한다. 이 모임에서는 서로 모르는 남성들이 온라인에서 회비를 모아 고급 클럽에 VIP룸을 빌려 부킹을 즐긴다고 한다. 여기서 남성들이 기대하는 것은 궁극적으로 그 방에 들어온 여성들과 성관계를 갖는 것이다. 이것은 개별 남성들이 지닌 여성에 대한 일반적 의식을 잘 보여준다.* 문제는 이렇게 수면 위로 드러난 사건들이 '특별한' 사건이 아니라, 다양한 정황에서 일어나고 있는 '평범한' 사건일 수 있다는 것이다.

여성의 성적 대상화는 술자리 대화에서 오가는 농담을 통해, SNS 대화방을 통해, 또는 다양한 미디어들을 통해 생산되고 확산된다. '남성다움'은 이러한 여성의 성적 대상화를 통해서 만들어지고 '증명'된다. 한국에서의 '미투운동'에서 확인된 바, 여성을 성적 대상으로만 보는 남성중심적 문화는 정치·종교·교육·체육·문화계 등 예외 없이 모든 영역에 공기처럼 침투해 있다. 남성성의 신화는 현재진행형이다.

---

* '버닝썬 사건'과 '조각모임'에 대해서는 다음을 참고하라. 「'승리 게이트'되기까지 총정리」, 『머니투데이』, 2019년 3월 14일자(http://news.mt.co.kr/mtview. php?no=2019031309405487288); 「'조각모임' 성폭행… 성범죄 온상된 '클럽'」, 『머니투데이』, 2019년 6월 29일자(https://news.v.daum.net/v/avAkqptXrp).

2 남성도 성차별의 피해자인가

제2의 성차별

제2의 성차별, 가해자는 누구인가

페미니즘이 등장하면서 성차별에 대한 문제제기가 본격화되었다. 개념적으로 보자면 '성차별'은 성sex에 근거한 차별이라는 점에서 남성이든 여성이든 성차별의 대상이 될 수 있다. 그런데 인류 역사에서 성에 근거한 차별은 주로 여성에 대한 차별이었으며, 사적영역은 물론 다양한 공적영역에서 여성은 성차별 피해자의 위치를 벗어난 적이 없다. 여성에 대한 성차별은 다양한 차별 가운데 가장 오래되었으며, 그 영향이 가장 복합적으로 확산되었다. 그런데 과연 성차별의 피해자는 오직 여성뿐인가.

여성뿐 아니라 남성도 성차별의 피해자라는 주장이 등장했다. 데이비드 베나타David Benatar는 보부아르의 책 『제2의 성』과 유사한 제목으로 2003년 「제2의 성차별」The Second Sexism이라는 논문을 발표했다. 그리고 2012년에는 『제2의 성차별: 남성과 소년들에 대한 차별』The Second Sexism: Discrimination against Men and Boys이라는 제목의 책을 출판했다.* 베나타는 '제2의 성차별'이라는 개념을 만들면서 여성만 성차별을 받는 것이 아니라 남성도 성차별의 피해자라는 점을 강조했다. 또한 여성이 받는 차별을 '제1의 성차별'로, 남성이 받는 차별을 '제2의 성차별'로 규정했다. 이후 베나타는 남성과 소년이 받는 차별에 대해 다음과 같은 예를 들었다.

(1) 감옥에 여성보다 남성이 더 많음

(2) 남성은 여성보다 폭력의 대상인 경우가 많음

(3) 남성은 군대처럼 갈등상황이 아닌 곳에서도 그 생명이 희생됨

(4) 여성보다 남성에게 육체적 체벌이 더 많음

(5) 남성을 향한 성적 공격이 여성에 대한 것보다 관심을 덜 받음

(6) 이혼에서도 남성이 양육권을 얻기 어려움

(7) 동성애 남성이 레즈비언 여성보다 더 차별받음

(8) 군대훈련에서도 남성에게는 품위를 손상시키는 짧은 머리crew-cuts를 하게 함

(9) 남성은 육아휴직에서 차별받음**

* David Benatar, "The Second Sexism," *Social Theory and Practice*, 29, 2003, pp.177-210; Benatar, *The Second Sexism: Discrimination Against Men and Boys*, Malden: MA: John Wiley & Sons, Inc., 2012.

** Benatar, "The Second Sexism," *Social Theory and Practice*, 29, 2003, pp.179-182.

물론 남성이 현실세계에서 당하고 있는 불이익을 부정할 필요는 없다. 그런데 베나타의 주장은 다음과 같은 몇 가지 점에서 문제가 있다. 첫째, 이 세계를 움직이고 있는 것은 여전히 남성이라는 점이다. 베나타는 남성이 누려온 막강한 권력과 특권은 축소하고, 피해나 어려움만을 확대하고 있다. 남성이 다른 이유가 아니라 바로 '성차별' 때문에 불이익을 당하고 사회적으로 쇠퇴하고 있다고 주장할 수 있는 근거는 매우 빈약하다. 오히려 남성이 경험하는 어려움들의 근본 원인이 무엇인가를 들여다보아야 한다.

남성은 왜 여성이 성차별로 인해 엄청난 불이익을 받아왔다는 사실을 보지 못할까. 이것은 마치 백인이 인종차별적 현실을 보지 못하는 것과 유사하다. 왜냐하면 인종차별적 구조로 인해서 백인은 불이익을 당한 적이 없기에, 스스로 인종차별을 인정하고 받아들이는 것은 상당히 어렵다. 자신도 모르는 인종적 특권과 권력이 백인에게 주어지고 있다는 것을 인정하기 어려운 것이다. 아니, 그럴 필요가 없기 때문이다. 이와 유사한 구조로, 남성은 여성이 성차별로 인해 경험한 다층적 차별과 배제의 현실을 보지 못한다. 왜냐하면 그럴 필요가 없기 때문이다.

데보라 로드Deborah Rhode는 자신의 책『성에 대한 발화: 젠더 불평등의 부정』Speaking of Sex: The Denial of Gender Inequality에서 남성의 2/3, 그리고 남성 사업가들 가운데 3/4은 여성이 사업, 전문직, 정부기관 등의 자리에서 심각한 차별을 경험하고 있다는 사실을 믿지 않고 있다는 통계를 밝힌다. 즉, 대부분의 남성이 젠더 불평등이 존재한다는 것을 인식하지 못하고 있다는 것이다.* 인종차별주의가 백인에게 아무런 해를 끼치지 않고 오히려 특권과 이득을 줄 때, 백인은 애써 인종차별적 구조를 인식할 필요가 없다. 마찬가지로, 성차별주의가 남성에게 아무런 해를 끼치지 않고 오히려 특권과 권력의 자리를 마련해줄 때, 남성은 굳이 성차별이 존재한다는 것을 인식할 필요가 없다.

많은 남성은 가정과 같은 사적 공간이나 직장과 같은 공적 공간에서 자신들이 누리는 여러 가지 특권을 당연하고 자연스러운 것으로 생각하고 있다. 명절에 남성은 거실에서 음식을 먹으며 여유롭게 시간을 보내고, 여성은 부엌에서 음식을 만들고, 접대하고, 치우는 풍경에 대해 남성들은 자연스럽다고 생각하지 그것이 가부장제적 구조에서 자신들이 누리는 특권이라고 인식하지 못한다. 그것이 차별적 구조임을 깨달은 남성은 자신이 편하게 누려온 특권을 불편하게 느끼게 되고, 그 특권을 내려놓을 때 일상 역시 불편해진다. 이러한 정황에서 여성에 대한 성차별을 보고 인정하는 남성이 되는 것은 쉬운 일이 아니다.

둘째, 베나타는 남성이 받는 불이익의 가해자가 누구인지 지목하지 않고 있다. 여성이 경험하는 성차별적 불이익은 주로 남성에 의해서다. 그러나 남성이 경험하는 불이익은 대부분 여성이

---

* Deborah Rhode, *Speaking of Sex: The Denial of Gender Inequality*, Cambridge: MA: Harvard University Press, 1997, p.3.

아닌 다른 남성에 의한 것이다. 예를 들어 베나타는 남성이 다양한 폭력의 희생자라고 하는데, 그 남성에게 폭력을 행사하는 사람은 다른 여성이 아닌 남성이다. 따라서 남성이 받는 불이익은 성차별에 의한 것이라기보다, 진정한 '남성됨'을 '전사'warrior로 생각하는 남성중심주의적 문화다. 남성은 자신의 남성됨을 싸우는 '전사'로 드러낼 수 있다고 생각하는 고도의 가부장제 문화 속에서 살아왔다. 남성이 강간과 같은 성폭력의 희생자가 되는 경우에도 그것은 대부분 다른 남성에 의한 것이지 여성에 의한 것은 아니다.

반면 여성이 성폭력의 희생자일 경우, 가해자는 여성이 아닌 남성이다. 남성은 개인적·집단적 권력을 쟁취하기 위해 다른 남성과의 폭력적 갈등 상황에 개입한다. 다른 남성과 경쟁하고 싸운 결과로 폭력의 희생자가 된 것이지, 여성이 남성에게 폭력을 행사하는 가해자는 아니다. 예를 들어, 모든 강간 사건의 가해자는 99퍼센트가 남성이라고 한다.[*] 또한 이혼 과정에서 양육권을 아버지가 아닌 어머니에게 주는 결정을 내리는 사람도 주로 남성이다. 전통적으로 여성의 역할이 '양육'이라고 간주되는 사회에서, 특별한 경우가 아니라면 '아이는 여자가 키워야 한다'는 사고가 작동하곤 한다.

---

[*] 보다 자세한 논의는 Thomas Keith, written and produced, "The Bro Code: How Contemporary Culture Creates Sexist Men," MA: Media Education Foundation, 2011을 참조하라.

남성 동성애자에게 폭력을 행사하거나 해를 입히는 사람도 여성이 아닌 남성이다. 역사를 보면 동성애에 대한 혐오와 폭력은 성차별에 의한 것이 아니라, 생식procreation에 관한 것이다. 남성의 생식력은 종족 보존 차원에서 매우 중요한 것으로 간주되어 왔다. 종족 보존을 위해서 남성은 다른 남성과의 성적 관계가 아니라, 여성과의 성적 관계가 필수적이다.

반면 여성 간의 동성애는 종족 보존과 직접적 관계가 없으므로 여성 동성애자보다 남성 동성애자에 대한 혐오와 폭력이 더욱 노골적이다. 남성 동성애자가 여성 동성애자보다 더 피해를 받는 것 같은 경우는, 가부장제적 남성성에 부합되지 않는 남성에게 분노하는 다른 남성의 폭력에 의한 것이지, 여성에 의한 남성 성차별의 결과가 아니다. 남성 동성애자에게 폭력을 행사하는 남성은 주로 남성 이성애자들이다.

그러나 남성에 대한 폭력이 여성이 아닌 남성에 의해서 자행되는 것이라고 해서 성차별의 피해자가 '오직 여성'이라고 할 수는 없다. 가부장제 사회에서 남성은 자신의 개별적 성향과 상관없이 '남자다움'을 증명해내야 하는 부담을 가지고 있다. '전사'로서의 이미지가 '남성성'과 연계되면서, 남성들 역시 다양한 성품을 가진 사람들임에도 불구하고 균질화된 이미지 속에 자신을 맞추며 살아가야 하는 것이다.

이런 의미에서 가부장제적 성차별주의는 여성은 물론 남성의 인간됨을 억누르고 젠더 고정관념 속에 모두를 가둠으로써,

파괴적 억압 기제로 작동한다. 억압은 젠더, 인종, 계층, 성적 지향, 장애, 나이에 근거하여 특정한 사람들에 대한 고정관념에서 시작된다. 그러한 고정관념을 작동시키는 것이 '억압'인 이유는 한 인간으로서 개별인이 지닌 고유한 개체성을 억누르고, 집단적 고정관념의 감옥 속에 가두기 때문이다. 남성이 경험하고 있는 다양한 불이익과 피해에 대해 가해자가 누구이며, 원인이 무엇인가를 드러내지 않은 채 남성의 피해자성을 강조하는 것은 결국 구체적인 정황과 연계하지 않는 '탈정황화'를 의미하는 것이며, 더 나아가서 억압과 차별의 특정한 역사적 의미를 왜곡하여 '탈역사화'하는 결과를 낳는다.

남성혐오는 존재하는가

젠더 관점에서 역사를 들여다보면, 여성에 대한 남성지배는 '생물학적'이거나 '자연적인 것'이 아니라, BC 2세기 전부터 시작된 역사적 발전이다. 가부장제가 한 사회를 구성하는 조직으로서 형성되어온 서구문명의 토대를 이루는 두 가지 사상은 아리스토텔레스의 철학과 기독교 사상이라고 할 수 있다.* 아리스토텔레스는 다음과 같은 선언으로 전통적인 성차별을 존재론적으로 고착시켰다.

* Gerda Lerner, *The Creation of Patriarchy*, Oxford University Press, 1986, p.10.

남성은 자연적으로 우월하며, 여성은 열등하다. 한쪽은 지배하고, 다른 한쪽은 지배당한다. 이러한 원리는 모든 인류에게까지 확장되는 것이다.*

남성의 우월성과 여성의 열등성을 자연화하는 아리스토텔레스의 이 말은 전형적인 여성혐오적 발언이다. 이렇듯 여성혐오는 인류 역사에서 가장 오래되고 복합적인 여성 배제와 차별로 이어졌다. 여성은 남성보다 열등한 존재이며, 더 나아가서 남성을 유혹하고 죄에 빠뜨리는 위험한 존재라는 여성혐오사상은 사적영역은 물론 공적영역에서 다양한 방식으로 여성에 대한 차별과 억압을 정당화하고 자연화한 여성 이해다.

'혐오'와 '남성'을 합하면 남성혐오misandry다. 그런데 인류 역사에서 여성혐오와 같은 의미의 남성혐오가 존재한 적이 있는가. 결론부터 말하자면, 없다. 현실적 의미에서 '여성혐오'에 상응하는 방식으로 현실세계에서 남성에 대한 구체적 억압과 차별이 행사되는 '남성혐오'의 개념은 인류 역사에서 존재하지 않았다. 남성은 여성보다 '열등한 존재'로, 그리고 여성을 위험에 빠뜨리는 '위험한 존재'로 취급된 역사가 없다는 말이다.

여성이 '단지 여성이기 때문에' 개인적 차원이나 사회·제도적 차원에서 차별과 배제를 받은 것과 마찬가지로, 남성은 '단지

---

* Aristotle, *Politics*, 1254b2.

남성이기 때문에' 그 오랜 시간 동안 사적·공적영역에서 특권을 누려왔다. 남성 역시 한 개별인간으로서 인종이나 계층적인 부분에서 다층적 차별과 배제를 경험하지만, 그가 남성이라는 젠더 때문에 이 현실세계에서 여성-젠더가 받는 것과 같은 차별과 배제를 받지는 않았다.

애트우드Margaret Atwood는 남성중심적인 가부장제 사회에서 "남성은 여성이 자신을 비웃을 것을 두려워하지만, 여성은 남성이 자신을 죽일 것을 두려워한다"고 말했다.* 이것은 여성혐오가 여성에게 미친 영향이 남성혐오라는 등가적인 표현으로는 비교할 수 없을 정도로 크다는 것을 간결하게 보여준다.

* https://www.newstatesman.com/politics/feminism/2018/10/why-misandry-and-misogyny-should-be-treated-differently-when-it-comes-hate.

3 남성도 페미니스트가 될 수 있는가
생물학적 당사자성의 의미

당사자성과 연대의 관계: 동질성의 연대, 다름의 연대

생물학적 남성은 페미니스트가 될 수 있는가. 이 물음에 답하기 위해서는 '페미니스트'란 누구인가라는 가장 근원적인 물음을 생각해보아야 한다. 페미니즘에 대한 다양한 이해에 따라서, 누군가가 페미니스트인가 아닌가에 대한 답은 달라진다. 페미니스트에 대한 각기 다른 이해와 개념 정의가 있다는 사실은 간과한 채 '페미니스트다, 아니다'를 논하는 것은 파괴적이고 소모적인 논쟁일 뿐이다. 이 질문의 핵심은 '생물학적 당사자성은 구체적인 사회 개혁에 어떠한 기능을 하는가'이다. 성차별에 대해 문제제기를 하고 사회를 변혁하고자 하는 페미니스트가 되기 위해서 '생물학적 당사자성'은 필연적인 조건인가. 이 물음은 다음과 같이 다양한 차별문제에도 적용될 수 있다.

• 인종차별에 대한 문제제기를 하고 변혁하고자 하는 일에

개입하기 위해서, '인종적 당사자성'은 필연적 조건인가. 예를 들어 '흑인의 생명도 소중하다'Black Lives Matter 운동이 일어났을 때, 이 운동에 연대하기 위해서는 '흑인'이라는 인종적 당사자성은 필연적 조건인가.

• 성소수자차별에 대한 문제제기를 하고 그들의 인권문제에 연대하기 위해서는 성적 당사자성이 필연적 조건인가. 즉, 이성애자는 성소수자차별에 대해 문제제기를 할 수 없고, 그들과 연대하는 변혁적 운동에 개입해서는 안 되는가.

• 장애차별에 대한 문제제기를 할 때, 장애의 당사자성이 필연적 조건인가. 비장애인이 장애인의 인권확장 운동에 개입하는 것은 진정성을 확보할 수 없는가.

• 생물학적 남성은 반성차별운동에 있어서 그 진정성을 의심받아야만 하는가.

이러한 질문의 리스트는 계속 이어질 수 있다. 현대사회에는 다양한 사회변혁운동이 있는데, 특히 페미니즘에서는 이러한 당사자성에 대한 문제가 예민한 주제가 되고 있다. 물론 '당사자성'은 매우 중요한 요소다. 차별과 배제, 폭력을 직접 경험한 사람들이 무엇을 느꼈는지, 그들의 경험이 어떠한 상처를 남겼는지에 대해 직접 경험한 사람과 그렇지 못한 사람 간의 시각 차이는 크기 때문이다. 그러나 변혁운동에 연대하는 것은 직접적 당사자성을 지닌 사람들끼리만 가능하며 그래야만 진정성을 확보할 수 있다고 보는 것은 위험하다. 연대의 가능성을 지극히 제한할 뿐만 아니라, 사회변혁에 필요한 사회구성원의 의식 변화 가능성을 차단하는 결과를 낳기 때문이다.

보다 나은 세계를 이루기 위해 요구되는 다양한 변혁운동은 그 운동의 동기에 동조하는 입장을 가진 이들이 함께 힘을 합치는 '연대' 없이는 지속성을 갖기 어렵다. 그런데 누가 누구와 연대할 수 있는가. 대부분의 경우 성별·인종·계층·성적 지향에 '동질성'이 있어야 그 '정통성'을 인정한다. 그런데 만약 백인이 '흑인의 생명도 소중하다' 운동에 연대할 때, 남성이 성차별주의를 넘어서는 평등 세계를 향한 운동에 연대할 때, 또는 이성애자가 성적 소수자의 인권 확장을 위한 운동에 연대할 때, 그들의 진정성과 정통성은 의심스러운 것이며 신뢰해서는 안 되는 것인가.

페미니스트 중에는 '생물학적 당사자성'이 페미니스트의 '진정성'을 가늠하는 근원적인 요소라고 보는 입장도 있다. 그러나 본질주의적 당사자성을 전면에 내세우는 사회변혁운동에는 가능성보다 한계가 더 많다고 나는 본다. 물론 억압과 차별의 문제를 다루는 데 있어서, 직접적 피해자로서의 인종적·문화적·생물학적·성적 당사자성 등은 중요하다. 그 당사자성은 '피해 당사자'로서의 직접적 경험을 경청하고, 구체적인 차별적 상황을 이해하고, 그 문제점들을 분석하고 개혁하고자 하는 과정에서 매우 중요하다. 그러나 실천적 영역으로 와서 '복합적인 연대'를 구성하는 과정에서는 당사자성을 끌어안으면서 동시에 그것을 넘어서야 한다. 당사자성을 연대의 필연적 조건으로 만드는 것은, 다층적 차별의 문제점을 비판하고 변혁하려는 연대운동에서 이론적으로나 실천적으로 심각한 한계가 있다.

여기에서 동질성의 연대solidarity of sameness와 다름의 연대 solidarity of alterity를 조명하는 것은 중요한 통찰을 준다. 첫째, 동질성의 연대는 젠더, 장애, 성적 지향, 종교적 신념, 인종, 계층 등 '동질성'을 공유하는 사람들만의 연대를 말한다. 동질성을 공유하지 않는 사람들이 연대하고자 할 때는 의도의 '순수성'과 '정통성'을 의심한다. 이러한 제한적 연대는 장기적으로 볼 때, 그 한계와 위험성을 지닌다.

둘째, '다름의 연대'는 연대하는 당사자들의 동질성에 근거하지 않는다. 개별적 존재로서의 '다름'을 그대로 인정하고 포용하면서, 보다 나은 세계, 보다 정의롭고 평등한 세계를 만들기 위해 연대하는 것이다. 누군가에 대한 차별과 배제는 결국 '인류에 대한 차별과 배제'다. 차별과 억압은 한 개별인의 삶만을 파괴하는 것이 아니라 인류공동체를 파괴하는 것이기에 서로 다르지만 변혁운동에 연대해야만 하는 것이다.

Key Ideas Box 18

두 종류의 연대

1. 동질성의 연대solidarity of sameness : 젠더, 성적 지향, 인종, 계

층 등 동일한 조건을 공유하는 사람끼리의 연대.

2. 다름의 연대solidarity of alterity: 동질성에 근거한 것이 아니라 개별인들의 다름을 있는 그대로 포용하고 인정하면서, 보다 평등하고 정의로운 세계를 만들기 위한 연대. 페미니즘이 지향하고 실천해야 하는 연대 방식이라고 할 수 있다.

남성은 페미니스트가 될 수 있는가

사람들은 굳이 '여성은 페미니스트가 될 수 있는가'라고 묻지 않는다. 그러나 '남성은 페미니스트가 될 수 있는가'라는 물음이 지속적으로 등장하는 이유는 남성이 성차별 문제에 있어서 이른바 '생물학적 당사자성'을 지니고 있지 않기 때문이다. 따라서 이 질문에는 여성과 남성이 지닌 생물학적 차이를 어떻게 보는가에 따라서 다른 답변이 나올 수 있다. 여성과 남성의 생물학적 '차이'가 사회문화적·정치적·종교적 '차별'의 근거로 차용되어온 역사를 분명히 인식하면서 그 생물학적 표지가 이 현실사회에서 어떻게 기능해왔는가를 복합적으로 조명하는 것은 페미니즘의 중요한 출발점이다.

여성과 남성의 생물학적 '차이'는 가부장제 사회에서 다양한 '차별'의 근거로 사용되어왔다. 그런데 생물학적 지표를 공유하는 사람만이 연대할 수 있다고 보는 것은 어떤 의미를 지니는지,

여성과 남성의 생물학적 차이는 역사 속에서 어떠한 의미를 지니는지, 또한 그 생물학적 차이를 페미니스트들은 어떻게 받아들이는지에 대해서는 하나의 일치된 입장이 없다.

시대와 문화를 초월해서 본질적으로 변하지 않는 '여성-여성성'과 '남성-남성성'이 과연 존재하는가. 여성과 남성의 생물학적 차이에 대한 페미니스트의 입장은 크게 두 가지로 나눌 수 있다. 하나는 생물학적 본질주의biological essentialism를 받아들이면서 여성됨womanhood과 여성성femininity이 지닌 가치를 높게 평가하고 그러한 가치를 모색하는 '여성중심주의 페미니즘'이다. 또 다른 입장은 생물학적 본질주의를 비판하면서 '여성됨'이 아닌 '인간됨'humanhood을 추구하는 '휴머니스트 페미니즘'이다.

보부아르에 의해 본격적으로 구성되었다고 할 수 있는 휴머니스트 페미니즘은, 전통적인 '여성성'이 가부장제 사회에서 여성에 대한 억압의 토대가 되었다고 본다. 생물학적 조건으로 여성을 규정한 '여성성'은 가부장제 사회에서 하나의 억압적 이데올로기로 작동하면서, 여성을 모성이나 양육과 연관된 사적영역으로만 제한하는 삶을 살게 했다. 휴머니스트 페미니즘에서는 여성을 정치·종교·예술·철학 등 모든 영역에서 배제되고 대상화된 존재로서만 살게 만든 것은 전통적인 여성성에 대한 사회적 강요와 기대치라고 강조한다.

따라서 휴머니스트 페미니즘이 모색하는 것은 생물학적 본질주의에 근거를 둔 '여성됨'의 가치가 아닌, '인간됨'의 가치다.* 이것은 여성성과 남성성은 본질적인 것이 아니라, 사회적으로 구성된 것이라는 사회적 구성주의의 입장과 같다.

수잔 그리핀Susan Griffin, 캐롤 길리건Carol Gilligan, 낸시 초도로 Nancy Chodorow와 같은 페미니스트들에 의해 전개된 여성중심주의 페미니즘은 여성 억압의 근원을 휴머니스트 페미니즘과는 다르게 본다.** 휴머니스트 페미니즘이 전통적인 '여성성'을 성차별적 억압의 근원이라고 보는 반면, 여성중심주의 페미니즘은 여성적 덕목과 가치 절하에 있다고 본다. 즉, 여성적인 것 또는 여성성 자체가 문제가 아니라 가부장제 사회에서 남성적인 것은 우월한 가치로, 여성적인 것은 열등한 가치로 간주해온 남성중심적 가치부여가 여성 억압의 근원이라고 보는 것이다. 여성중심주의 페미니즘은 전통적인 가부장제적 관점과 동일하게 여자와 남자는 각각 변하지 않는 본질적인 것을 지닌다는 생물학적 본질주의를 차용하고 있다. 가부장제적 관점과 다른 점은 그 가치의 전도일 뿐이다.

여성중심주의 페미니즘은 가부장제에서 여성성과 남성성에

---

* 보다 자세한 논의는 다음을 참고하라. Iris Marion Young, "Humanism, Gynocentrism and Feminist Politics," *Women's Studies International Forum*, vol. 8, no. 3, 1985, pp.173-183; Alison Jaggar, *Human Nature and Feminist Politics*, Totowa, NJ: Rowman and Allenheld, 1983.
** 이들 여성중심주의 페미니스트들의 작업은 다음을 참고하라. Susan Griffin, *Woman and Nature: The Roaring Inside Her*, New York: Harper and Row, 1983; Carol Gilliam, *In a Different Voice*, Cambridge: MA: Harvard University Press, 1981; Nancy Chodorow, *The Reproduction of Mothering*, Berkeley: University of California Press, 1978.

부여한 가치를 완전히 뒤집어서, 여성성은 생명·돌봄·평화를 담고 있는 매우 긍정적인 가치로, 남성성은 죽음·폭력·경쟁·이기성을 대변하는 부정적인 것으로 간주한다. 여성중심주의 페미니즘은 생물학적 여자와 여성성, 그리고 남자와 남성성을 분리 불가능한 특성으로 간주한다. 따라서 여성성이나 남성성이 사회적으로 구성된다는 사회적 구성주의와 담론적 대치점에 서 있다.

이러한 여성중심주의 페미니스트 관점에서 보면 생물학적 남성은 여성의 성차별 경험에서 '당사자성'이 결여된 존재다. 따라서 생물학적 남성은 페미니스트가 될 수 없다. 반면, 생물학적 본질주의를 비판하면서 '여성됨'이 아닌 '인간됨'을 추구하는 휴머니스트 페미니즘의 관점에서 보면, 생물학적으로 남성이라고 해도 페미니스트가 될 수 있다. 나는 페미니즘이 생물학적 '본질' essence이 아닌, 사회정치적 '입장'position에 관한 것임을 주지하는 것은 이론과 운동으로서의 페미니즘의 의미와 방향성을 규정하는 데 가장 중요한 인식론적 출발점이라고 본다. 남성은 페미니스트가 될 수 있는가. 물론이다. 페미니스트가 되어야만 한다. 페미니즘은 보다 평등하고 정의로운 세계를 꿈꾸는 '모두'를 위한 이론이며 실천적 운동이기 때문이다.

1971년 미국의 『가톨릭 세계』Catholic World라는 저널에 「예수는 페미니스트였다」라는 글이 발표되었다. 요즘처럼 '페미니스트'라는 용어가 대중화되지 않았던 1970년대 초에 '예수'와 '페미니스트'의 연결은 파격적 사건이었다. 더구나 이 글의 저자인 레

너드 스위들러Leonard Swidler 교수는 남성이다. 글이 발표된 후, 다양한 논쟁이 벌어졌다. 논쟁은 '예수가 페미니스트인가 아닌가'는 물론, '남성 구세주인 예수가 여성을 구원할 수 있는가'라는 주제로까지 확산되었다.* 스위들러에게 페미니스트는, '여성을 온전한 인간으로 보는 사람'이다. 따라서 그는 예수가 살았던 그 당시 하부인간으로 취급받던 여성을 온전한 인간으로 본 예수의 시선과 행동에 초점을 둔다. 여성을 '온전한 인간'으로 보고 평등한 존재로 여기는 사람이 바로 페미니스트인 것이다. 이러한 페미니스트 개념에 따르면, "예수는 페미니스트였다, 그것도 매우 급진적인 페미니스트였다"며, 예수를 따르는 사람들은 예수와 같이 급진적 페미니스트가 되어야 한다고 스위들러는 결론짓는다.**

결국 예수에게 '페미니스트'라는 지표를 사용할 수 있는가 아닌가의 물음은 첫째, 페미니스트를 어떻게 규정하는가, 둘째, 예수의 생물학적 남성성을 어떻게 보아야 하는가의 문제다. 예수의 남성성은 예수의 인종이나 나이와 마찬가지로 존재론적 또는 종교적 '필연성'이 아니라, '우연성'이라는 의미를 지닌다. 극도의 남성 중심적인 가부장제적 사회에서, 예수가 여성을 남성과 마찬가지로

---

* 류터(Rosemary Ruether)는 그의 책 가운데 「남성구세주가 여성을 구원할 수 있는가」라는 제목의 챕터에서 예수의 생물학적 남성성이 여성의 구원에 어떠한 의미를 지니는가를 조명하면서 '페미니스트 기독론'을 구성한다. Ruether, *Sexism and God-Talk: Toward s a Feminist Theology*, Boston: Beacon Press, 1983.

** Leonard Swidler, "Jesus was a Feminist," *Catholic World*, January, 1971, pp.177-83. 스위들러는 후에 동일한 제목으로 책을 출간했다. Swidler, *Jesus was a Feminist: What the Gospel Reveal His Revolutionary Perspective*, New York: Sheed & Ward, 2007.

온전한 인간으로 대하고 행동했다는 것은, '생물학적 당사자성'이 없음에도 불구하고 예수를 페미니스트로 간주할 수 있다고 스위들러는 보는 것이다.

'남성은 페미니스트가 될 수 있는가 없는가'라는 물음은 페미니즘을 '생물학적 본질'에 관한 것으로 한정짓는다는 한계를 지닌다. 즉, 질문 자체에 페미니즘에 대한 편파적 이해가 담겨 있다. 페미니즘은 궁극적으로 '본질'에 관한 것이 아니라, 성차별을 포함한 다층적 차별구조를 넘어서고자 하는 '정치적 입장'이다. 페미니즘에 대한 다양한 정의가 있지만 페미니즘을 실천하고자 하는 이들은 '페미니즘은 여성도 인간이라는 급진적 사상'임을 지속적으로 상기해야 한다. '급진적'이라는 말은 '뿌리로 간다'는 의미다. 즉, 눈에 보이는 현상의 뿌리로 들어가서 차별적 구조에 근원적인 문제제기를 한다는 의미다. 그것은 생물학적 당사자성에 의해 자동적으로 주어지는 의식이 아니라, 성차별의 '뿌리문제'root problem를 인식하면서, 그 문제에 '뿌리물음'root question을 던지는 것에서부터 시작된다.

Key Ideas Box 19

여성과 남성의 생물학적 차이에 대한 두 입장

1. 휴머니스트 페미니즘: 전통적으로 규정된 여성성이 여성에 대한 성차별과 억압의 근본 원인이라고 본다. 이른바

여성성과 남성성은 사회적으로 구성된다는 사회적 구성주의의 입장을 지닌다. 이러한 휴머니스트 페미니즘이 추구하는 것은 '여성됨'womanhood이 아닌 '인간됨'humanhood이다.

2. 여성중심주의 페미니즘: 가부장제적 관점과 같이 여성과 남성에게 각각 본질적인 것이 있다고 보는 생물학적 본질주의biological esssentialism를 차용한다. 그러나 가부장제적 관점과는 달리, 여성성을 우월한 가치로, 남성성을 열등한 가치를 지닌 것으로 그 가치를 전복시킨다. 따라서 여성중심주의 페미니즘이 추구하는 것은 '여성됨'이며, 그 여성됨의 가치를 확산하는 것이다.

여성과 남성에게 생물학적인 본질, 즉 변하지 않는 어떤 것이 있다고 보는 것은 각자의 자유로운 해석일 수 있다. 그러나 인간은 두 종류의 성sex과 젠더로만 분리되는 존재가 아니다. 한 개인은 간성은 물론 트랜스젠더·인종·계층·성적 지향 등 다양한 요소들의 교차점에서 자신의 현실적 삶을 살고 있다. 여성과 남성이라는 두 종류의 생물학적 성에 주된 초점을 두고 변하지 않는 여성성의 '본질'에 도덕적 가치를 부여하는 것은 두 가지 한계와 위험성을 지닌다.

첫째, 여성의 생물학적 기능을 사회정치적 영역으로까지 확장함으로써 결국 여성의 역량을 생물학적으로만 고정시킨다.

둘째, 개체적 인간으로서의 여성이 지닌 다층성을 억누르며 한 가지 모습으로 '균질화'homogenization하는 억압기제로 작동한다. 다양한 요소들이 서로 얽히고설켜 있는 세계에 개입해야 하는 21세기 페미니즘은 여성·남성 간의 성차별 문제에만 매달리는 협소한 사상이어서는 안 된다. 이것은 성차별의 우선적 중요성을 약화시키려는 것이 아니다. 여성과 남성 간의 성차별 문제를 '출발점'으로 삼아 보다 다층적 차별을 해결함으로써 평등하고 정의로운 세계로 나아가야 한다는 것이다. 그것이 페미니즘의 '도착점'이어야 한다.

페미니즘은 '본질'이 아닌, 사회정치적 '입장'이라는 점을 분명히 인지해야 한다. 이런 관점에서 페미니즘을 볼 때, 생물학적 당사자성이 페미니스트의 필연적 조건이 되어서는 안 된다는 점은 분명하다. 성차별에 대한 비판적 문제제기와 보다 평등한 사회를 이루려는 변혁적 움직임의 유무가 페미니스트를 구분하는 가장 근원적 기준이다. '페미니스트' 또는 '진보'라는 정체성의 표지를 지닌다고 하여, 그 사람이 다양한 차별 구조에 대한 예민성과 실천성을 자동으로 지니게 되는 것은 아니다. 누구에게나 '인식론적 사각지대'는 존재하기 때문이다. 서구의 초기 페미니스트들은 많은 경우 성차별에 대한 인지는 강하지만, 인종차별이나 계층차별에 대해서는 매우 둔감했다. 지금도 사회변화를 모색하는 이들이 그런 '사각지대'를 지니고 있다는 것을 부정하기 어렵다.

다양한 종류의 특권과 권력이 복합적으로 교차하는 이 현실 세계에서, 누군가의 '페미니스트 자격'을 간단명료하게 판결내릴 수 있는 '대大심판관'은 어디에도 없다. 논쟁적 이슈가 등장할 때,

자신과 다른 생각과 관점을 지닌 사람에 대해 비난과 냉소가 아닌 비판적 개입과 토론이 필요한 이유다. 남성, 여성, 간성, 트랜스젠더 등 그 어떤 성과 젠더에 속하든, 페미니스트 역시 다층적인 인식의 사각지대를 지니고 있는 존재로서, 오직 '형성 중의 페미니스트'인 것이다.

이제 '남성은 페미니스트가 될 수 있는가'라는 질문에 대하여 '그렇다-아니다'에 대한 소모적 논쟁보다 더 중요한 것이 있다. '페미니스트'라는 표지는 단순한 '자기 정체성'만이 아니라 '과제'이며 '책임성'을 의미한다는 점이다. 여타의 페미니즘과 마찬가지로, '남성의 페미니즘' 역시 치열한 학습과 현장 개입에의 의지가 필요하다. '남자와 여자는 평등하다'는 구호만 외치는 낭만화된 페미니즘은 공허할 뿐이다. 이 현실세계 속에서 매우 복합적이고 다양한 얼굴로 존재하는 차별과 배제에 대한 다층적 학습을 통해서 우리는 '진정한 페미니스트가 되어가야' 한다.

Key Ideas Box 20

페미니스트의 조건과 생물학적 당사자성

페미니즘은 생물학적 '본질'essence이 아니라, 사회정치적 '입장'position에 대한 것이다. 따라서 생물학적 당사자성이 페미니스트의 필연적 조건이 되어서는 안 된다. 성차별에 대한 비판적 문제제기와 보다 평등한 사회를 이루려는 변혁적 움직임의 유무가 페미니스트를 구분하는 가장 근원적 기준이다.

여섯 번째 질문

페미니즘은
어떤 세계를 지향하는가

1 페미니즘은 왜 '불편한 진실'인가

페미니즘 거부 현상

어떤 양태의 페미니즘이든 페미니즘은 다음과 같은 기본적인 전제에서 출발한다. 즉, 여성은 그들의 생물학적 성sex에 의해 구성된 사회문화적 성gender으로 인해 다양한 분야에서 차별받고 배제되고 있으며, 이러한 현실을 바꾸기 위해서는 근원적인 변화가 있어야 한다고 보는 전제다. 그 변화는 제도와 법을 바꾸는 '객관적 변화'이기도 하고, 여성에 대해 가지고 있는 의식과 가치관을 바꾸는 '주관적 변화'를 의미하기도 한다.

'페미니즘'이라고 불리는 이론과 운동을 포괄적으로 이해하기 위해서는, 인류 문명사에서 어떻게 '지배와 종속'의 메커니즘이 작동되어 왔는가에 대한 다층적 이해가 필요하다. 그 지배와 종속의 메커니즘은 인간을 '남자와 여자'라는 두 집단으로 분리하고 정치·경제·문화·종교·교육·예술 등 모든 분야에서 '남성의 여성지배'라는 남성중심주의를 '자연적인 것'으로 만들어왔다.

이러한 남성의 여성지배는 다양한 방식의 '지배의 논리'의 틀로서 확장되고 정당화된다. 동시에 '우월한 이들은 열등한 이들을 지배해도 되며, 지배해야 한다'는 지배의 논리는 식민주의, 인종차별주의, 계층차별주의 등으로 확장된다.

대부분의 사람들은 페미니즘이라는 말만 들어도 거부반응을 보인다. 그런데 왜 남성은 물론 여성조차도 페미니즘을 거부하고 있는가. 페미니즘 거부 현상 역시 단순하지 않기에 매우 다층적인 분석이 필요하다. 먼저 페미니즘을 거부하는 개별인들에 대한 적대적 비난보다 그들이 부정적 반응을 하게 되는 근원적인 '왜'를 추적해볼 필요가 있다. 그렇지 않을 때, 페미니즘 논의는 페미니즘의 '옹호자 대 적대자'라는 편 가르기식의 파괴적 갈등만 조장하고 서로를 향한 공격적 담론만 생산하게 된다. 결국 이러한 소모적 논쟁을 거치며 페미니즘에 대한 부정적 분위기는 더욱 극대화된다.

여기서 우리가 직시해야 하는 사실이 있다. 페미니즘은 이제까지 많은 이들이 절대적인 사실, 또는 당연하다고 여겼던 것에 '근원적 노NO'를 제기하는 것이기에, '불편한 진실'이라는 점이다. 페미니즘이 제기하는 문제는 마주해야 하는 '진실'이지만, 그 진실을 대하는 사람들이 우선적으로 불편을 느끼고, 거부하고 싶다는 생각을 가지는 것은 어찌 보면 자연스러운 반응이다. 따라서 페미니즘 논의에서 에너지를 쏟아야 하는 것은 '우리여성-그들남성' 또는 '옹호자-적대자'라는 상충적 대립의 축을 굳히는 것이 아니다. 오히려 동료 인간으로서 보다 나은 사회를 '함께' 만들어 가기 위해 각기 지니고 있을 '인식론적 사각지대'를 어떻게 일깨울 것인지 '설득의 방식'을 모색해야 한다. 이 설득 과정에서 상이한 이해를 가진 이들이라도, 지속적인 인내를 작동시키면서 여성과 남성이, 또는 다양한 성 정체성을 가진 이들이 결국 서로를 필요로 하는 '동료-인간'이라는 사실을 상기해야 한다.

간혹 '페미니스트'는 '분노하는 여자들'이라는 선입견을 가진 사람들이 있다. 페미니스트들은 왜 분노하는가. 불의한 차별과 배제에 대해 인식한 사람들이 분노를 느끼는 것은 당연한 일이다. 오히려 아무런 분노를 느끼지 않거나 느끼지 못하는 것이 문제다. 그러니 '분노'에는 여러 종류가 있다는 점을 아는 것이 중요하다.

분노에는 본능적 분노, 파괴적 분노, 성찰적 분노가 있다.*
'본능적 분노'는 동물이든 인간이든 자신에게 어떤 직접적인 위협이 왔을 때 즉각적으로 방어하는 분노다. '성찰적 분노'는 분노를 일으키는 상황에 대한 비판적인 성찰이 개입되면서, 옳고 그름에 대한 판단과 그 판단에 따른 변혁적 행동으로 이어지는 분노다. 페미니즘을 포함해서 사회적 변혁을 모색하는 이론가 또는 운동가들이 경계해야 할 것은 '파괴적 분노'다. '파괴적 분노'는 불의에 대해 인식하지만 비판적 성찰은 결여된 채 '피해자 의식'

---

* 분노에 대한 보다 자세한 논의는 다음을 참고하라. 강남순, 『용서에 대하여』, 동녘, 2017, 49-59쪽.

속에 침잠하여 그 어떤 변혁적 동기를 제공하지 않고 관계의 파괴와 상대방에 대한 악마화로 이어지는 분노다.

'페미니스트의 분노'는 성찰적 분노여야 하며, 인간됨의 파괴로 이어지는 분노여서는 안 된다. 부당한 일에 대한 '성찰적 분노'는 필요하지만, 상대방에 대한 '파괴적 분노'는 가해자나 피해자 모두를 비인간화시킬 뿐이다.

앞서 논의한 바와 같이, 성차별은 인종차별이나 계층차별과 같은 다른 차별구조와 논리적 유사성을 지닌다. 즉 '우월한 쪽남성, 주류인종, 중상류층'이 '열등한 쪽여성, 비주류인종, 빈민층'을 지배해야 한다는 '지배의 논리'logic of domination에서 출발한다는 점이다. 그럼에도 성차별이 다른 차별과 판이한 점이 있다. 인종차별이나 계층차별은 '공적영역'에서의 차별이다. 반면 성차별은 공적영역은 물론이고 사적영역인 가족 관계 안에서도 행사되는 차별이다. 성차별의 범주, 행사영역과 방식, 차별의 주체 등이 다른 종류의 차별보다 더욱 뿌리 깊고, 넓게 확산되어 있다.

따라서 이 사회 '모든' 영역에서 근원적인 변혁을 요구하는 이론과 운동으로서의 페미니즘에 대한 사회적 거부는, 어쩌면 충분히 예상할 수 있는 현상이다. 대부분의 사람이 이제까지 당연하고 자연적인 것이라고 여겼던 모든 것에 근원적으로 문제를 제기하는 '불편한 진실'을 모두가 처음부터 환영하기를 기대할 수는 없다는 말이다.

평등과 포용의 확장을 향하여

한국사회의 사적·공적영역에서 사람들이 관계 맺는 방식을 강력하게 지배하는 키워드가 있다면, 그것은 위계주의·남성중심주의·연고주의 등이라고 할 수 있다. 위계주의는 가정·직장·교육·종교·정치·경제 등의 영역에서 성별·나이·직책 등에 의해 구성되며 곳곳에서 강력하게 작동된다. 위계 형성의 가장 우선적 범주가 있다면 그것은 '성별'이다. 남성중심적 위계주의는 남성을 제1의 성the first sex인 '주체'로, 여성을 제2의 성the second sex인 '객체'로 위계를 설정한다. 학연이나 지연이 공적 관계 맺기에서 중요한 요인으로 작동되는 이른바 한국적 연고주의조차 지극히 남성중심적이다.

즉, 남성중심주의는 한국사회 도처에서 작동하고 있는 위계주의와 연고주의의 토대가 되는 인식구조다. 이러한 복합적 위계구조에 대한 저항과 비판이 제기될 때 사람들은 그것을 '사회적 불안정'을 야기하고 조화를 깨는 것으로 경계한다. 정치적 진보나 보수를 막론하고 한국에서 많은 이들이 페미니즘을 불편한 것, 더 나아가서 가정과 사회를 흔드는 '불온한 것'으로 간주하는 이유다.

다수의 사람들은 '현상유지'를 원한다. 현상유지적 세계에 몸을 맡길 때, 그것은 편하기 때문이다. 그 편한 삶에 안주하기 위해 비판적 성찰을 멈추고, 복잡한 현실 문제에 대해 눈감고, 오로지 외부의 주류가 가는 길 속에 자신의 삶을 맡긴다. 가끔 페미니즘을 몰랐다면 차라리 편하게 살았을 것이라고 '고백'하는 사람들을 만난다. 그런데 그 '모름의 삶'은 무엇을 의미하는가. 눈과 귀를 막고 자신이 몸담고 살아가는 이 세계에 전혀 개입하지 않고, 외부세계에서 주입되는 것들만 수동적으로 받아들인다면 그것은 결국 '비판적 사유의 부재'로 '악'evil에 가담하게 되는 것이다. 어떠한 삶을 살 것인가는 오로지 자기 자신이 선택해야 한다.

인류 역사를 보면, 오직 소수의 사람들만이 새로운 세계를 꿈꾸고, 변화를 모색하고, 그 변화를 위해 헌신했다. 차별과 배제를 넘어선 평등과 포용의 원 역시 그러한 소수에 의해 확장되었다. 유교문화와 군사문화가 깊숙이 뿌리내린 한국사회에서 새로운 변화를 꿈꾸기는 참으로 어렵다. 남성중심적 관계방식은 '한국적 미덕'으로 재생산되어 왔으며, '남자다움'의 표상은 언제나 '여성지배'와 깊숙이 연결되어 있다.

이러한 사회문화적 정황 속에서 성차별을 넘어서서 보다 평등한 사회를 모색하는 시도들은 종종 한계에 부딪힌다. 정치, 종교, 예술, 교육 등 한국사회 곳곳에서 불거진 '미투운동'이 보여주는 성폭력 현상의 광범위성은, 바로 이러한 뿌리 깊은 '남성의 여성지배'라는 남성중심적 위계주의 문화를 적나라하게 보여주는 예증이다. 그 위계적 질서를 흔들고자 하는 이들은, 가정·기업·종교 더 나아가 국가의 안정·조화·평화를 깨는 위험한 '불온 세력'으로 쉽사리 적대시된다. 페미니즘은 한국사회의 현상유지 신화가 지닌 차별성과 불평등성을 근원적으로 비판하면서 등장한 이론이며 운동이다. 진실이지만 심히 '불편한 진실', 그것이 바로 페미니즘이다.

2 페미니즘의 세 가지 기능

페미니즘은 크게 다음과 같은 세 가지 기능을 한다. 첫째, '탈자연화'의 기능이다. 페미니즘은 그토록 오랫동안 '자연스러운 것'이라고 여겨왔던 행위·사유방식·관계방식이 근원적으로 성차별적이며 사회적으로 구성된 것이라는 점을 강조하며, '탈자연화'를 통해 개선해나가야 한다는 인식에서 출발한다. 어떤 현상을 '자연스러운 것'으로 간주할 때부터 '왜'라는 물음표는 박탈된다.

페미니즘은 국가나 제도적 차원과 같은 큰 문제만이 아니라, 주변의 아주 사소한 문제까지 그 비판의 언어를 작동시키면서 탈자연화를 시도한다. 예를 들어서 여자아이가 태어났을 때에는 분홍색을, 남자아이에게는 파란색 옷을 입히는 현상에서 그것은 '원래 그렇다'라고 할 때에 그 현상을 자연화naturalize하는 것이다. 부인은 '안사람' 남편은 '바깥 양반'이라고 부르는 것도 '원래 그렇다'라고 할 경우 그 현상을 자연화함으로써 그러한 호칭이 지닌 문제점을 보기 어렵다. 이러한 의미에서 많은 이들이 '자연스

러운 것'이라고 생각하는 것에 '왜'라는 물음표를 붙임으로써 '탈
자연화'가 시작되며, 이러한 탈자연화는 페미니즘의 이론과 실천
에서 매우 중요한 기능이다. 우리가 당연하고 자연스럽다고 생각
하는 것들에 '지금 벌어지고 있는 것들이 왜 그런 것인가?'라는
'뿌리물음'을 하기 시작하면서, 그 자연스러운 것이 실제로는 차
별적인 것이며, 젠더 고정관념에 의한 것임을 알게 된다. 이 과정
이 탈자연화의 과정이다.

현실세계를 구성하는 사적·공적영역에서 비판적으로 문
제제기를 하는 페미니즘은, 도처에서 많은 남성과 여성에게 각
기 다른 '불편함'을 준다. 남성에게 페미니즘은 이제까지 당연하
게 누려왔던 크고 작은, 가시적·불가시적 특권을 내려놓아야 한
다는 것을 의미한다. 또한 이미 가부장제적 가치를 내면화한 여
성에게는, 이제까지 숙명처럼 알고 익숙해진 '안전망'이 흔들리
는 것을 의미한다. 그토록 오랫동안 익숙했던 삶의 방식에 문제
를 제기하는 페미니즘의 등장은, 가부장제 사회에서 '생존 기술'
에 적응한 여성에게도 거부하고 싶은 '불편한 진실'이 되는 것이
다. 페미니즘이 '반가정'anti-family이라는 오해를 받는 이유다. 가정
자체를 비판하는 것이 아니라, 남성중심적 관계가 문제이며, 평
등한 가족 관계로 변화해야 한다는 페미니즘의 비판과 제안을 사
람들은 종종 가정 파괴로 해석한다.

둘째, 페미니즘은 사적·공적영역에서 다양한 '변혁적 균열'
을 낸다. 페미니즘의 등장은 가정에서의 출산과 양육, 직장과 종

교공동체에서 남성의 보조자로서 여성의 역할뿐만 아니라, 정치·경제·교육 등 사회 곳곳에 위치한 전통적 가치에 '균열'을 낸다. 그런데 이러한 '균열'의 정체는 무엇인가. 페미니즘의 등장이 가져오는 균열은 가정·직장·사회·종교 공동체의 평화, 조화, 그리고 안정을 깨는 '파괴적 균열'이 아니다. 페미니즘은 모든 사회 구성원이 평등과 자유와 권리를 보장받는 진정한 민주사회의 실현을 위한 '변혁적 균열'을 내는 것이다. 한 사회가 지닌 차별적 틀을 깨는 아픔과 균열이 있어야, 비로소 그 사회는 보다 정의로운 세계로 비상할 수 있기 때문이다.

셋째, 페미니즘은 긍정의 언어, 즉 대안적 세계를 제시한다. 현재 구조가 지닌 문제점을 비판하면서, 여성과 남성만이 아니라, 더 나아가서 간성이나 트랜스젠더, 장애, 국적, 종교 등 다양한 근거로 그 어떤 사람도 차별과 배제를 경험하지 않는 보다 정의롭고, 평등한 세계를 제시한다. 21세기에 들어서서 이러한 대안적 세계에 대한 비전은 보다 복잡해졌다. 한 국가 내의 문제만이 아니라, 국가적 경계를 뛰어넘는 다양한 문제들이 얽히고설켜 있기 때문이다. 예를 들어 국가적 경계를 넘어서는 난민문제에 페미니즘은 어떻게 개입할 것인가, 빈곤의 여성화feminization of poverty가 눈에 띄게 드러나는 이른바 제1세계와 제3세계, 또는 북반구와 남반구 간의 극심한 경제력 또는 인력자원의 차이를 어떻게 넘어설 것인가, 날로 심해지는 생태계 위기에 페미니즘은 어떻게 대응할 것인가 등 이 세계가 마주한 다층적 위기들은 페미니즘이 제시하는 대안적 세계의 비전이 더욱 복합화되어야 함을 의미한다.

따라서 페미니즘으로 어떤 특정한 문제를 분석할 때는 그 문제에 대한 거시적 접근과 미시적 접근 사이를 오가야 한다. 그렇지 않을 때 우리는 감춰진 근원적 문제는 보지 못하고, 표피적으로만 문제를 조명할 위험성에 빠지게 된다.

Key Ideas Box 21

페미니즘의 세 가지 기능

첫째, 탈자연화
둘째, 변혁적 균열
셋째, 대안적 세계의 제시

---

3 페미니즘이 지향하는 세계
'모든' 인간의 평등과 정의

페미니즘의 세 가지 목표

페미니즘이 지향하는 목표는 크게 세 가지라고 할 수 있다. 먼저, 선행되어야 할 두 가지는 첫째, 성차별을 종식시키는 것, 둘째, 젠더 평등과 젠더 정의gender justice를 실현하는 것이다. 젠더 정의는 페미니즘에서 중요한 개념이다. '정의'라는 개념은 고대로부터 존재해왔다. 그런데 이러한 일반화된 정의 개념은 구체적인 정황에서 벌어지는 다층적 불의 문제를 드러내지 못한다. 그래서 추상적인 정의가 아니라, 인종적 정의, 생태 정의, 젠더 정의 등 구체화된 정의 개념이 등장하게 되었다.

젠더 정의는 젠더에 근거한 불의와 차별 문제를 종식시키는 목표를 위한 것이다. 페미니즘의 우선적 목표가 젠더 정의의 실현과 성차별의 종식이라고 할 때, 그 두 목표는 페미니즘이 지향하는 세계를 구성할 필요조건은 된다. 그러나 충분조건은 되지 못한다. 왜냐하면 인간은 '젠더'로만 사는 것이 아니기 때문이다.

한 개별인은 여자, 남자, 간성, 트랜스젠더이기만 한 것이 아니라, 계층, 인종, 국적, 성적 지향, 장애 등 다층적 삶의 조건에도 규정되어 있기 때문이다.

'교차성'의 개념은 성차별이나 젠더 정의가 다른 종류의 문제와 분리되어 다루어질 수 없다는 것을 분명히 한다. 이 점에서 페미니즘의 장기적 목표가 재설정되어야 한다. 즉, 우선적인 두 가지 목표에서 더 나아가, 세 번째 페미니즘의 궁극적 목표를 설정해야 한다.

셋째, 페미니즘의 궁극적인 목표는 젠더 정의뿐만 아니라, 계층, 인종, 국적, 성적 지향, 장애 등과 관련된 모든 종류의 정의가 실현되는 세계를 지향하는 것이다. 예를 들어 빈민가에 사는 한 흑인 여성이 레즈비언이자 장애인이라고 가정해보자. 여기서 우리는 그 사람의 젠더에만 주목해서는 안 된다. 한 사람이 지닌 주변부인으로서의 여러 가지 삶의 조건 가운데 '젠더 정의' 문제만 주요 관심사로 보는 것은 그 사람의 다른 측면을 마치 존재하지 않는 것처럼 간과하는 결과를 낳는다. 페미니즘이 지향하는 세계는 젠더 정의뿐만 아니라 모든 종류의 정의가 실현되고, 모든 사람이 평등한 존재로 그 권리가 보장되는 세계여야만 한다.

그러나 페미니즘의 목표를 성차별의 종식뿐만 아니라, 다양한 차별의 종식으로 확장하는 것에 모든 페미니스트들이 동조하는 것은 아니다. 목표 확장을 우려하는 페미니스트들은 성차별이 인종차별이나 계층차별 등 다른 종류의 차별과는 다른 독특한 특성을 지니고 있다는 것에 주목한다. 따라서 처음부터 페미니즘의 목표를 '모든 종류의 차별과 억압의 종식'이라고 할 경우 페미니즘의 우선적 목표인 성차별의 종식 문제가 묻힐 가능성이 있다고 보는 것이다. 그러나 나는 페미니스트들 사이의 이러한 의견불일치는 어찌 보면 당연한 것이며, 오히려 페미니스트 진영 내에 '건강한 회의주의'를 유지함으로써 비판적 성찰의 통로를 더 복합화하고 확장할 수 있다고 본다. 페미니즘의 목표와 개념을 '모든' 페미니스트들이 동질적으로 공유할 필요가 있는 것도 아니다. 자신이 개입하고 있는 정황에 따라서 그 우선적 목표의 강조점은 각기 다르게 구성될 수 있기 때문이다.

페미니즘의 목표 외에도 페미니스트들 간에 의견이 다양한 사항들이 있다. 평등, 정의, 억압, 불의, 권리 등 페미니즘에서 중요하게 다뤄지는 개념의 규정이 반드시 일치하지 않는다는 것이다. 예를 들어서 자신의 외모 때문에 사회에서 또는 사적 관계에서 극심한 차별을 받는 여성외모차별주의lookism, 나이 때문에 다층적으로 차별받고 고통당하는 여성나이차별주의ageism, 장애 때문에 차별받는 여성장애차별주의ableism, 가난해서 억압받는 여성계층차별주의classism, 사회의 주류와는 다른 피부색으로 인해 억압받는 여성인종차별racism, 성적 지향 때문에 억압받는 여성동성혐오homophobia, 이성애성차별주의heterosexism 등 한 여성은 성차별뿐만 아니라, 다양한 조건과 정황에 따라서 각기 다른 모습의 억압과 차별을 경험하게 된다.

이러한 복합적인 정황에서 무엇이 차별이며 억압이고 정의인가에 대해 페미니스트들 사이에서만이 아니라, 페미니스트와 비페미니스트들 간에도 이해에 불일치가 있다. 그러나 현재 우리가 살고 있는 세계에서 일어나는 다양한 문제들에 페미니즘의 관점을 가지고 접근하면 보이지 않았던 것들이 보이기 시작한다. 세계화, 인권, 대중문화, 가족, 장애, 섹슈얼리티, 인종, 사이버 세계 등 이른바 '보편적' 접근이 보지 못하는 구체화된 차별 정황들이 드러나는 것이다. 페미니즘은 정의와 평등의 재개념화와 급진화에 크게 기여하고 있다.

Key Ideas Box 22

페미니즘의 세 가지 목표

첫째, 성차별의 종식

둘째, 젠더 평등과 젠더 정의의 실현

셋째, 계층·인종·국적·성적 지향·장애 등과 관련된 모든 종류의 정의 실현

21세기 페미니즘의 지향점: 코즈모폴리턴 페미니즘

나는 21세기 모든 종류의 페미니즘이 지향해야 하는 인간관

과 세계관은 궁극적으로 '코즈모폴리턴'cosmopolitan이 되어야 한다고 생각한다. 각기 다른 초점을 지닌 다양한 이름의 페미니즘이 있지만, 페미니즘의 인식론적 토대와 실천적 지향점을 아우르는 것은 '코즈모폴리턴 페미니즘'이어야 한다는 것이다. 코즈모폴리터니즘cosmopolitanism은 매우 복합적이고 다양한 담론이며 실천 방식이다.

내가 차용하는 코즈모폴리터니즘은 문화적 다양성과 인정을 초점으로 하는 '문화적 코즈모폴리터니즘'이 아니라, 개별인들의 인간으로서의 권리 인정에서 출발하여, 국적·젠더·인종·종교·성적 지향·장애 등의 경계를 넘어서는 권리 확장과 연대를 강조하는 정치·윤리적 코즈모폴리터니즘이다.

21세기는 지난 20세기와는 전적으로 다른 세기다. 21세기는 20세기가 지녔던 문제들의 연속성과 불연속성을 동시에 지닌다. 세계화 시대를 굳이 표면에 내세우지 않아도, 한국적 정황과 다른 나라들의 정황은 이제 분리 불가능해졌다. 한국사회가 직면한 다양한 정치·경제·문화·종교·교육 등의 문제는 다른 나라들의 문제와 깊숙이 연결되어 있다. 사회관계망 서비스SNS에서 경험되는 여성혐오, 성소수자 혐오, 트랜스 혐오, 이슬람혐오 등 다양한 얼굴의 혐오 문제는 한국이라는 지역에만 해당되는 것이 아니라 국가적 경계를 넘어서는 초경계적 특성을 지닌다. 또한 난민·평화·환경 문제 등 우리의 일상생활은 물론 세계 다양한 지역의 생활을 구체적으로 지배하고 있는 문제들은 '지배의 논리'를 정당화해온 남성중심주의, 가부장제적 사유방식, 또는 이분법적 사유방식과 연결되어 있다. 이 모든 문제에는 각기 다른 이름의 페미니즘들이 개입해야 하는 긴급한 과제들이 담겨 있다. 따라서 세계화 시대가 본격화되면서 코즈모폴리터니즘이 다양한 분야에서 부상하게 된 것은 시대적 요청이기도 하다.

코즈모폴리터니즘 사상의 기원은 그리스 철학이다. 그리스 철학자 디오게네스Diogenes는 "당신은 어디에서 왔는가"라는 물음에 "나는 코스모스에서 온 시민이다"라고 답했다. '코스모스의 시민'cosmopolitan 또는 '세계 시민'world citizen, global citizen, cosmic citizen으로 번역되는 이 개념은 후에 여러 철학자들에 의해 코즈모폴리턴 사상으로 발전한다.

세계시민성을 강조하는 코즈모폴리터니즘은 인간의 두 가지 소속성에 대한 인식에서 출발한다. 즉, 모든 인간은 자신이 태어난 특정한 나라나 사회에 소속성을 지니면서 '태양 아래' 인류 공동체에 속한다. 특히 그리스 철학 이후 이마누엘 칸트Immanuel Kant는 그의 세계적인 '영구적 평화'perpetual peace를 위한 구상에서 코즈모폴리턴 사상의 필요성을 역설한다. 진정한 세계 평화는 코즈모폴리턴 사상을 실천함으로써 가능하다는 것이다. 칸트의 코즈모폴리턴 사상은 정치, 법, 윤리 등 여러 분야에 큰 영향을 미쳤다.

그런데 코즈모폴리턴 시각이 미시정황을 간과하고 '세계'라는 거시정황만 보는 것이라고 오해해서는 안 된다. 오히려 미시정황과 거시정황의 '상호연관성'을 강조하고, 한 개별인의 특수한 조건이나 배경이 어떠하든, 모든 이들은 인간으로서의 권리를 지닌다는 인간이해를 가장 구체화한 사상이 바로 코즈모폴리턴 사상이라고 할 수 있다.*

한 인간이 지닌 젠더·인종·계층·장애·종교·성적 지향·국적 등 조건에 상관없이 인간으로서의 가치와 존엄성을 전적으로 인정하는 태도야말로 페미니즘이 궁극적으로 가져야 할 인간이해다. 그런데 주의할 점은 코즈모폴리터니즘과 보편주의 universalism를 혼돈해서는 안 된다는 것이다. 두 사상의 결정적인 차이는 그 출발점이라고 할 수 있다. 코즈모폴리터니즘은 '개별성의 윤리'ethics of singularity에서 출발한다. 반면 보편주의는 개별인들이 지닌 정황이 아닌 '인간-일반'이라는 추상적 개념에서 출발한다. 근대 보편주의는 구체적인 인간이 지닌 개별성의 차원을 간과하면서, 인류역사에서 여러 가지 부작용을 생산했다. 코즈모폴리터니즘은 이러한 근대 보편주의의 한계를 지양하고 국가적 경계는 물론 다양한 경계젠더·인종·종교·장애·성적 지향 등를 넘어서는 연대·환대·권리의 문제에 개입한다. 개별성의 윤리가 부재할 때, 인간의 구체적인 정황들은 거시 담론과 거시 정치에 매몰되고, 결국은 주변부에 있는 사람들은 다층적 배제와 차별을 경험하게 되는 것이다.

---

* 코즈모폴리턴 사상의 철학적·종교적 의미에 대한 보다 자세한 논의는 다음을 참고하라. 강남순, 『코즈모폴리터니즘과 종교: 21세기 영구적 평화를 찾아서』, 새물 결플러스, 2015.

그렇다면 왜 코즈모폴리턴 페미니즘인가. 코즈모폴리턴 페미니즘은 첫째, 교차성의 개념과 다층적 경계를 넘어서는 개입을 중요한 과제로 생각한다. 여성, 남성, 간성, 트랜스젠더 등의 경계, 지역local과 세계global의 경계, 내국인과 외국인의 경계, 국민과 난민의 경계, 장애와 비장애인의 경계, 다양한 성적 지향성들 간의 경계 등을 넘어서서 어떻게 이 지구 위에 거주하는 시민으로서 평등과 정의를 함께 이뤄낼 것인가를 말하는 이론이자 실천이다. 둘째, 코즈모폴리턴 페미니즘은 추상적인 연대와 개입이 아니라, 구체적인 연대와 사회정치적 개입을 모색한다. 셋째, 코즈모폴리턴 페미니즘의 최종 목표는 코즈모폴리턴 연대와 시민권이라고 할 수 있다. 즉, 젠더뿐만 아니라, 다양한 삶의 정황에 위치한 이들이 차별과 혐오를 넘어서서 동료시민으로 살아갈 수 있는 세계를 지향하는 것이다.

나는 이러한 코즈모폴리턴 페미니즘이 모든 종류의 페미니즘이 지향해야 할 양태의 페미니스트 프로젝트라고 생각한다. 즉 코즈모폴리턴 페미니즘은 다양한 페미니즘 가운데 하나라기보다 모든 페미니즘이 추구해야 할 이상적 지향점을 드러내는 담론이며 실천이다. 다양한 이름의 페미니즘이 주장하는 강조점이 각기 다르다 해도, 모든 개별 인간의 존엄성과 그에 따른 평등성을 인정하는 인간이해에서 출발해야 하기에 결국은 '코즈모폴리턴적'이어야 한다고 나는 본다. 따라서 코즈모폴리턴 페미니즘이 다른 여러 종류의 페미니즘과 불필요한 긴장관계에 있을 필요는 전혀 없다.

　이러한 코즈모폴리턴 사상에 뿌리내리는 페미니즘은 크게 보면 사회변혁을 위한 중요한 '정치·윤리적 프로젝트'라고 할 수 있다. 정치·윤리적 프로젝트라는 의미는 페미니즘이 지닌 인간 이해의 확산, 그리고 제도적 실현과 실천을 그 중요한 목표로 설정하고 있다는 의미다. 페미니즘이 지닌 인간이해, 즉 모든 인간이 개별인으로서 존중받아야 한다는 것은 가장 기본적인 '진리'다. 그러나 그 기본적 진리가 현실세계에서는 인정되지 않고 있다. 예를 들어 성소수자들은 법적 보호를 받지 못하고 있을 뿐만 아니라 그들의 존재가 사회적으로 부정되고 있다.

　페미니즘 인간론은 궁극적으로 여성은 물론이고, 인간 개별인 모두가 존엄성을 지닌 존재라는 것, 그렇기에 존중받아야 하며 인간으로서의 평등성과 권리를 지녀야 한다는 인간이해를 전제로 한다. '윤리적 프로젝트'로서의 페미니즘은 우리가 지닌 타자에 대한 인식을 급진적 평등의식으로 확장해야 함을 강조한다. 반면 '정치적 프로젝트'로서의 페미니즘은 구체적인 제도적 변화를 모색한다.

　여성이 가부장제에 의해 억압과 불이익을 받아왔다는 사실에 대해 인식하면서, 구체적인 제도적 변화를 모색하는 것은 정치적 프로젝트로서의 페미니즘이 지속적으로 관심을 두어야 하는 것이다. 이것을 '프로젝트'라고 부르는 이유는 페미니즘은 지속적으로 '형성 중에 있다'는 의미를 강조하기 위함이다.

일반적으로 사람들이 생각하는 페미니즘은 상당히 왜곡된 이해에 기초해 있다. 그 왜곡된 이해가 어디에서 비롯된 것인지에 대해서는 앞으로도 계속 복합적인 조명이 필요하지만, 우선적으로 페미니즘은 '편안한' 이야기를 들려주는 것이 아님을 인정할 필요가 있다.

Key Ideas Box 23

코즈모폴리턴 페미니즘

첫째, 코즈모폴리턴 페미니즘은 교차성의 개념과 다층적 경계들을 넘어서는 개입을 중요한 과제로 생각한다.

둘째, 코즈모폴리턴 페미니즘은 추상적인 연대와 개입이 아니라, 구체적인 연대와 사회정치적 개입을 모색한다.

셋째, 코즈모폴리턴 페미니즘의 최종 목표는 코즈모폴리턴 연대와 시민권이라고 할 수 있다. 즉, 젠더뿐만 아니라, 다양한 삶의 정황에 위치한 이들이 차별과 혐오를 넘어서서 동료시민으로 살아갈 수 있는 세계를 지향하는 것이다. 이 점에서 코즈모폴리턴 페미니즘은 궁극적으로 모든 종류의 페미니즘이 지향해야 할 '페미니스트 프로젝트'라고 할 수 있다.

그렇다면 페미니즘이 지향하는 사회는 무엇인가. 페미니즘은 오직 성차별을 종식시키고 '여성'만의 평등성을 확보하려는 사상이 아니다. 페미니즘의 출발점point of departure은 '여성'이라는

젠더문제다. 그러나 페미니즘의 도착점point of arrival은 젠더뿐만 아니라 인종·계층·장애·성적 지향 등 다양한 근거로 차별받고, 소외되고, 제2등 인간으로 살아가는 주변부인과 소수자들이 온전한 인간으로의 권리를 누리며 살아갈 수 있는 평등과 정의가 실현된 사회다. 또한 성차별이 우선적으로 여성에게 피해를 주지만 복합적으로 보면, 남성 역시 남성에 대한 가부장제적 고정관념과 사회적 기대로 인해 피해를 받고 있다는 점을 주목하고 사적영역에서뿐만 아니라, 공적영역에서도 다층적 평등성과 권리가 제도적으로 보장되고 확보되는 사회를 지향한다.

페미니즘을 지지하면서, 인종차별, 계층차별, 성소수자차별, 장애인차별, 난민차별, 특정 종교차별 등 다른 종류의 차별에 무관심하거나 문제를 제기하지 않는다면, 그러한 페미니즘은 '남성-여성'이라는 단순구도에서만 인간을 본다는 점에서 이론적·실천적 한계를 지니게 된다. 한 인간은 젠더뿐만 아니라 다양한 구성요소들이 중층으로 겹치는 '교차성'의 구조 속에 살아간다는 복합성을 보지 못하기 때문에 위험하기까지 하다. 내가 페미니즘을 '여성주의'라고 표기하지 않는 이유다. '여성주의'는 페미니즘의 '출발 지점'을 예시하는 개념일 수 있지만, '도착 지점'의 복합성을 간과하는 '여성중심주의'라고 오해될 수 있다.

현대사회에서 억압과 차별의 문제를 변화시키기 위해서는 '젠더'는 고립되어 존재할 수 없으며, 계층·장애·성적 지향·인종 등의 문제와 매우 다층적으로 교차한다는 인식을 하는 것이 매우 중요하다. 따라서 현대의 페미니즘은 '젠더 렌즈'만이 아니라, 끝없이 변하는 정황에 적용 가능한 '다중적 렌즈'를 갖추어야 하며, 이에 따른 다층적 연대는 한국사회의 미래를 위한 긴급한 과제다.

이 책의 제1장 「첫 번째 질문: 페미니즘이란 무엇인가」에서 논의한 바와 같이 대중적으로 널리 알려진 페미니즘의 정의는 "페미니즘은 여성도 인간이라는 급진적 사상"이다. 나는 이 페미니즘의 정의가 다음과 같이 확장되어야 한다고 본다. "페미니즘은 젠더는 물론, 인종·계층·장애·성적 지향 등에 상관없이 '모든' 사람이 인간이라는 급진적 사상이다." '모든' 사람이 인간이라는 주장은 그들에 대한 우리의 시선과 관계 맺기 방식이 평등과 정의에 입각해야 하며, 그들의 권리와 평등성이 제도적으로 보장되고 확장되어야 함을 의미한다.

근대의 휴머니즘이 '인류 보편'이라는 추상적 개념으로 출발했다면, 내가 지향하는 페미니즘은 '개별성의 윤리'ethics of singularity, 즉 인간 개별인에서 출발한다. 가족 공동체 또는 국가 공동체 등 '개별인'보다 '공동체'라는 집단의식에 기초한 한국사회는 민주주의적 시민의식의 기초가 되는 개별인의 중요성을 체현하지 못해왔다. 개별인은 가족, 공동체, 또는 국가의 이름으로 억눌려 왔으며, 그러한 집단적 구조에서는 젠더, 계층, 경제력 등 다양한 권력을 소지한 사람의 존재만이 존중되었다.

한국사회에서 민주주의적 의식의 성숙성을 확장하기 위해

서는 이러한 포괄적 의미의 페미니즘 확산을 위한 운동, 제도개혁, 교육을 다층적으로 발전시키는 과제를 치열하게 수행해야 할 것이다. 사적·공적영역에서의 페미니즘 확산 정도가 바로 미래 한국사회의 성숙한 민주주의 실현을 판가름하는 중요한 척도가 될 것이다.

일곱 번째 질문

페미니즘으로 무엇을 할 것인가:
평등 사회를 향한
다섯 가지 과제

1 어떻게 사용할 것인가
'파괴적 무기'가 아닌 '변혁적 도구'

페미니즘 이론을 공부하고, 페미니즘 운동에 개입하는 사람들이 각기 대면해야 하는 물음이 있다. 바로 '페미니즘은 나의 삶에 어떠한 의미를 지니게 되는가' '나는 페미니즘을 어떻게 사용하고 또한 무엇을 할 것인가'이다. "실천 없는 이론은 공허하고, 이론 없는 실천은 맹목적이다."* 칸트의 말이다. 페미니즘 이론과 실천의 관계나 현대사회에서 벌어지고 있는 차별이나 혐오는 상식적으로 알 수 있는 단순한 것이 아니다. 이것은 페미니즘 이론을 가지고 내 삶의 정황에서 '실천'한다는 것이 어떠한 기능functionality을 하는가를 비판적으로 조명해야 하는 이유다.

포스트모더니즘, 포스트콜로니얼리즘, 코즈모폴리터니즘, 그리고 페미니즘 등 다양한 담론이 현대사회에 공존하고 있다. 이러한 이론은 각기 다른 초점을 가지고 우리가 사는 시대를 읽어내는 하나의 방식이다. 그런데 이 모든 이론은 그 상이성에도

---

* Immanuel Kant, *Theory and Practice*, 1793, cited in Mark Tayor, *After God*, University of Chicago Press, 2009, p.354.

불구하고, 하나의 공통분모를 지닌다. 다층적 권력구조에 대한 예민성을 분석의 핵심 도구로 삼는다는 것이다. 페미니즘을 접하는 이들은 다음과 같은 물음을 지속적으로 성찰해보는 것이 필요하다.

- 이론이란 무엇인가
- 이론과 실천은 어떤 관계에 있는가
- 이론을 읽는 행위란 무엇인가
- 이론을 공부한다는 것은 무엇인가
- 질문은 왜 대답보다 중요한가
- 이론과 실천에 대한 비판적 사유란 무엇인가
- 비판적 사유에 요청되는 것은 무엇인가

우리가 배우는 모든 이론과 담론은 '연장'tool이다. 다양한 이론은 도구 상자일 뿐이다. "이론은 도구 상자"라는 말은 푸코와 들뢰즈의 대담에서 나왔다.* '연장으로서의 이론'이라는 개념은 다음과 같은 이유에서 중요하다. 첫째, 박스에 담긴 연장들은 정황에 맞게 적절하게 사용해야 연장이 가진 특정한 목적이 파괴

---

* Michel Foucault and Gilles Deleuze, "Intellectuals and Power: A Conversation between Michel Foucault and Gilles Deleuze," in Michel Foucault, *Language, Counter-Memory*, Practice: Selected Essays and Interviews, Ithaka: Cornell University Press, 1977, p.208.

적이 아니라 창의적으로 달성된다. 모든 곳에 다 들어맞는 '절대적 연장'이란 존재하지 않는다. 따라서 '페미니즘'이라는 '연장을 가지고 있다'는 사실 자체가 구체적 갈등 정황에서 무조건적으로 그 '당사자성'의 정당성을 확보하는 것은 아니다. 둘째, 어떤 연장이라도 그 연장을 '어떻게, 왜 사용하는가'라는 사용자의 의도에 따라서 연장의 의미가 달라진다. 즉, 연장 자체가 흔들리지 않는 절대적 정당성을 보유하고 있는 것은 아니기에 연장 사용의 결과가 어떻게 나타나는가를 보아야 한다는 것이다. 예를 들어 망치와 같은 연장은 집을 완성하는 데에 필요한 기능을 할 수도 있지만, 파괴하거나 훼손하는 기능을 할 수도 있다. 그러므로 연장 '자체'가 연장을 사용하는 행위자의 모든 행위를 정당화하는 것이 아니라, 연장 사용의 결과가 무엇인가에 따라서 정당성이 확보된다.

이론과 실천으로서의 페미니즘은 여성뿐 아니라 '모든' 사람들의 평등과 정의가 구현되는 세계를 만들고자 하는 궁극적 목표를 지닌다. 그런데 무엇이 불평등이며, 무엇이 불의인가에 대한 분석과 입장이 모두 같은 것은 아니다. 페미니즘을 단수가 아닌 복수로서 '페미니즘들'feminisms이라고 생각해야 하는 이유다. 한 사건을 보면서도 그 사건에 대한 접근방식이나 입장은 페미니스트들마다 다를 수 있다. 관점과 접근방식, 그리고 해석에서의 상이성은 서로에 대한 즉각적이고 정죄적인 판단이 아니라, 인내심과 끈기를 가지고 대화와 설득의 과정을 통해 서로가 지닐 수 있는 인식의 사각지대를 일깨우는 과정을 거쳐 비로소 그 정황과 자신을 복합적으로 연계하게 된다.

그런데 이 과정을 생략하고 자신의 입장만이 절대적인 것이라고 하면서 다른 입장을 '정죄'하고, 더 나아가서 그 사람의 생존 자체를 위협하고 악마화하게 될 때, 페미니즘은 긍정적 의도성과 목적을 지닌 '연장'임에도 불구하고 '파괴적 무기'로 돌변한다. 이때 페미니즘이라는 도구의 변혁적 기능은 상실되며, 페미니즘이 가진 인간됨의 얼굴을 상실하게 된다. 종교든 사회변혁 이론이든 '인간의 얼굴을 상실'하는 것, 이것은 가장 위험한 덫이다.

따라서 종교든 이론이든 그것에 대한 '맹목적 열광자'가 되는 것을 스스로 경계해야 한다. '열광자'가 되는 순간, 비판적 성찰이 중지되기 때문이다. 종교를 포함해서 그 어떤 이론은 결국 '자신의 인간됨을 실천하기 위해' 수용한다는 사실을 기억하는 것이 가장 중요하다. '오늘의 열광자는 내일의 압제자'가 될 위험성이 인간 모두에게 있다. 종교든 이론이든 맹목적 열광자가 될 때, 그것이 보다 나은 세계를 향한 '창의적 도구'가 아니라, 관점의 다름을 용납하지 않고 정죄하고 악마화해버리는 '파괴적 무기'로 돌변하기 때문이다.

인류 역사는 한편으로 광기의 역사이기도 하다는 것을 우리는 도처에서 확인할 수 있다. 특정한 종교나 이론이 자신에게 중요한 의미를 지닌다고 해서 그것을 맹목적으로 받아들일 때, 그 종교나 이론이 지닌 한계를 짚어내는 비판적 성찰이 중지된다. 우리에게는 언제나 의도적인 '비판적 거리 두기'가 필요하다.

　생물학적 여성은 성차별이나 성폭력의 정황에서 우선적 '당사자'로서 위치한다. 그래서 '당사자 중심주의'라든지 또는 '피해자 중심주의'는 매우 중요한 개념이다. 그런데 이 개념을 공적으로 차용할 때에는, 이 개념 자체가 언제든지 오용misuse되고 남용abuse될 수 있는 가능성에 대한 예민성과 신중성이 동반되어야 한다. 자신의 입장과 다르다고 해서 페미니즘의 이름으로 상대방을 무비판적으로 '악마화'하거나 맹목적 '적'으로 취급하는 것은 피해자 중심주의의 오남용으로 다른 종류의 피해자를 양산하는 것이다.

　자신 안에 내재한 '인식의 사각지대'에 대한 지속적 성찰이 없다면 페미니즘은 '설득과 변혁의 도구'가 아닌 '파괴와 정죄의 무기'로 전이될 수 있다. 나는 이 지속적인 성찰을 '비판적 회의주의'critical skepticism라고 부른다. '회의주의'는 통상 부정적인 것이라고 생각할 수 있다. 그러나 이 '비판적 회의주의'를 지속적으로 작동시킬 때, 불필요한 싸움에 시간과 에너지를 낭비하면서 적을 양산하는 오류를 극소화할 수 있다. 평등과 정의를 확산하고자 장기적으로 노력하는 이들에게 요청되는 것은 '맹목적 페미니즘'이 아닌, 지속적인 학습과 개방성을 가지고 자신은 물론 타자를 '설득'하여 함께 연대할 수 있도록 '동지'를 확장하는 '비판적 페미니즘들'의 확산이다. 이 과정에서 자신의 인간됨을 상실하지 않고 끝까지 지켜내는 것은 평등과 정의로운 세계를 원하는 이들이 가져야 할 최후의 보루다.

2 무엇을 해야 하는가
평등사회를 향한 다섯 가지 과제

첫째, 침묵하지 말고, 문제제기를 하자. 직장, 가정, 종교단체, 시민단체, 정부단체 등 다양한 자리에서 성폭력이나 성희롱이 빈번하게 발생한다. 그러나 이를 목격하거나, 듣고서도 침묵하는 경우가 많다. 침묵이 편하기 때문이다. 침묵은 가해자의 행위에 대한 묵인과 마찬가지다. 따라서 침묵은 묵인이고, 묵인은 가해 행위의 지속으로 이어진다.

우리가 살아가는 현실세계에는 성차별적 표현이나 행동들이 '관습'이라는 이름으로 지속되고 있다. 문제가 있다는 것을 느끼면서도 침묵하는 것은 그러한 문제를 묵인하는 것이며, 그 묵인은 차별적 현실의 현상유지를 강화하는 기능을 한다. 사소해 보이는 일이라 해도 장기적으로 보면 그것들이 모여 실제로 커다란 변화를 만든다.

2018년 5월 19일, 영국의 해리 왕자와 결혼한 메건 마클 Meghan Markle은 열한 살 때 이러한 변화를 만들어낸 적이 있다. 마클은 어느 날 우연히 TV에 나오는 식기세척제 광고에 문제가 있다는 것을 알게 되었다. 광고에서는 "미국의 모든 여성은 기름이 잔뜩 낀 냄비와 프라이팬을 닦느라 전쟁을 한다"는 카피를 내보내고 있었다. 결과적으로 이 광고는 의도하든 의도하지 않았든 '설거지는 여성의 일'이라는 생각을 자연스럽게 만들었다. 마클은 식기세척제를 만든 아이보리사에 "이 카피는 '모든 여성'이 아니라, '모든 사람'으로 바꾸어야 한다"는 편지를 썼다. 아이보리사는 이 편지를 받은 한 달 뒤에 마클의 요구대로 카피를 바꾸었다.*

2019년 부산 사직여자중학교의 회장과 부회장은 성차별적 교훈과 교가를 바꾸는 수정안을 발의해 투표를 거쳐 수정하게 되었다. 기존 교훈은 "슬기롭고 알뜰한 참여성"이었고 이 구절이 교가에도 들어가 있었다. 이것은 '인간'이 아닌 '여성'에게 초점을 맞추면서 이른바 '현모양처'가 되는 것이 교육목표라는 고정관념을 심어준다. 이후 투표를 거쳐서 "슬기롭고 따뜻한 참사람"으로 수정했다고 한다.**

그럼에도 아쉬움은 남는다. "슬기롭고 따뜻한"이라는 표현 역시 전형적으로 여성에게 사용되는 형용사이기 때문이다. 이 학교가 '남자'들만 다니는 학교였어도 "슬기롭고 따뜻한"이라는

---

* https://www.businessinsider.com/meghan-markle-spoke-out-about-commercial-2017-11.
** 「학생들 손으로 성차별적 '교가' 고쳤다」, 『부산일보』, 2019년 7월 24일자(www.busan.com/print/index.php?code=2019072419265323273).

형용사를 썼을까. '여성'을 '사람'으로 수정한 것은 분명 한걸음 나아간 것이다. 그런데 "슬기롭고 따뜻한"이라는 형용사는 사적 공간에서의 여성의 전통적인 역할, 즉 '현모양처'의 이미지 속에 여성을 제한하는 기능을 할 수 있다. 남자중학교에서도 이러한 내용을 교훈으로 쓰고 교가 속에 넣을 수 있는 것이라면 모르되, 유독 여성에게만 강조되는 덕목인 '슬기로움과 따뜻함'은 한 인간으로서 여성의 공적 역할을 배제하는 기능을 할 수 있다.

결과적으로 남성을 '이성'에, 여성을 '감성'에 결부시키는 전형적인 가부장제적 관념에서 벗어나지 못한 것이다. 이렇듯 사소한 것 같은 문제라도 그 문제를 인지한 사람이 문제제기를 할 때에 비로소 변화가 가능하다.

2019년 9월 5일, 국가보훈처는 독립유공자의 장손에 대한 취업지원 시 '장손'을 '장남의 장남'으로 해석하던 것을 성별 구분 없이 '첫째 자녀의 첫째'로 해석하겠다는 지침을 개정했다.* 이 개정이 가능했던 것은 한 여성이 '문제제기'를 했기 때문이다. 비록 자신에게 일어난 취업지원 혜택의 불이익에 대한 문제제기에서 출발한 것이지만 역사에서의 많은 변화들은 이렇게 한 개인의 문제에서 시작된 경우가 많다. 이것은 개인의 일이 결코 사적이기만 한 것이 아니라 정치적·사회적·종교적 함의를 가진다는 것을

* 「손녀나 딸의 아들도 독립유공자 장손된다」, 『KBS News』, 2019년 9월 5일자. (http://news.kbs.co.kr/news/view.do?ncd=4277275).

의미한다. 개인과 사회에서 일어나는 다양한 문제를 경험했을 때 침묵이 아닌 문제제기를 선택하는 것이 중요한 이유다.

둘째, 혐오와 차별의 문제는 피해 당사자만이 아닌 '모두의 문제'라고 생각하자. 여성에게 일어나는 다양한 성폭력은 여성만의 이슈가 아니다. 우리는 외딴 섬에 고립되어서 사는 존재가 아니라 다양한 타자와의 관계 속에서 살아가는 존재이기 때문이다. 누군가에게 일어난 폭력과 차별은 그 '누군가'와 연결된 가족, 사회구성원, 그리고 더 나아가서는 인류에게 보이는 또는 보이지 않는 영향을 미친다. 여성에 대한 성차별이나 성폭력의 문제는 여성만의 문제가 아니라, 여성과 남성 '모두의 문제'라는 생각을 가져야 한다. 남성은 성폭력의 가해자만이 아니라, 가부장제가 생산하는 '지배의 논리'에 의한 피해자이기도 하다. 또한 성차별은 다른 종류의 차별이나 혐오 문제들과 얽히고설켜 있다. 남성과 여성은 폭력적 정황을 넘어서서 보다 나은 세상을 만들어가야 하는 동료인간이다. 나에게 일어난 문제가 아니라고 해도, 결국 우리의 삶은 서로 연결되어 있다는 상호연관성의 원리를 인식하고, '모두의 문제'로 받아들이는 연습을 해야 한다.

셋째, 다양한 양태의 차별과 혐오에 저항하는 운동에 연대하자. 우리가 사는 사회에는 크고 작은 운동들이 존재한다. 자신의 이득과 권력을 확장하기 위한 운동이 아니라, 보다 나은 사회가 되기 위한 운동, 즉 차별과 혐오를 개선하기 위한 운동에 참여하는 것은 한 개인으로는 불가능한 일을 함께 이룰 수 있는 길이다. 인류 역사의 여러 발전들은 작은 변화에서 시작되었다. 노예제도의 폐지, 여성의 참정권, 성소수자의 인권 확장 등 새로운 변화는 언제나 소수로부터 시작되었다. 그러나 이것은 소수와 함께하는 사람들의 연대가 있기에 가능한 변혁이었다. 연대는 인간으로서 살아가고 존재하는 데에 반드시 요청되는 행위다. 인간은 홀로 존재하는 것이 아니라, 타자와 함께 존재할 수 있을 뿐이다. 그래서 존재함이란 '함께–존재함'을 의미한다.

'연대'라는 것은 무엇인가. 연대는 공공의 이익을 위해 책임을 함께 나누는 것을 의미한다. 그런데 여기에서 조심할 것이 있다. 한국에서 종종 등장하는 '대를 위해서 소를 희생한다'는 모토다. 공공의 이득이라는 것은 개별인의 이득과 분리할 수 없으며, 분리해서도 안 된다. 그러나 '대의'를 결정하는 것은 언제나 권력을 지닌 사람들이다. 바꿔 말하면 '대의'에 의해 희생되는 사람은 권력을 지니지 못한 이들이라는 것이다. 진정한 연대는 개별인들로부터 시작하여 확산된 연대다. 거시적 관점에서 보자면, 연대는 인간의 자유·평등·정의라는 인류 보편의 가치를 확산하기 위해 함께하는 공동의 저항 행위다. 그런데 미시적 관점에서 보자면 자유·평등·정의의 확대라는 것은 누가, 언제, 어떠한 상황에서 적용하는가에 따라서 매우 다른 해석이 가능하기에 지속적인 비판적 성찰이 개입되어야 한다. '무엇'에 저항하며, '누구의 이득'에 기여하는가에 대한 조명이 반드시 필요하다.

그렇다면 어떠한 연대가 가능한가. 제5장 「다섯 번째 질문: 남성과 페미니즘은 어떤 관계인가」에서 간략하게 설명한 바대로, 연대에는 두 종류가 있다. 첫째, 동질성의 연대, 즉 동질성을 공유하는 사람끼리의 연대다. 예를 들어서, 여성에 대한 성차별에 저항하는 것은 여성끼리만, 흑인에 대한 인종차별에 저항하는 일은 인종이 같은 흑인들끼리만, 성소수자의 권리를 위한 연대는 같은 성소수자끼리만 연대하는 것이 바로 동질성의 연대다. 이러한 동질성의 연대에는 서로를 묶어내는 강력한 힘이 있을 거라고 생각할 수도 있다. 그러나 장기적으로 볼 때, 동질성의 연대만으로 사회변혁을 모색하는 것은 한계가 있다. 다른 종류의 연대성이 요청되는 이유다.

둘째, 다름의 연대이다. 동질성의 연대가 구성원 간의 동질성에 근거한 연대라면, 다름의 연대는 동질성을 공유해서가 아니라, '다름'에도 불구하고 정의와 평등 세계의 확장을 위해 함께하고 책임을 나누고 서로를 지지하는 것이다. 여기에서 '다름'alterity 이란 한 개별인들이 지니고 있는 각기 다른 모습, 다른 삶의 방식, 각자의 개성이나 조건을 말한다. 다름을 그대로 인정하고 받아들이면서 정의와 평등을 확산하는 일에 함께 연대하는 것이다. 성별의 차이, 피부색의 차이, 성적 지향의 차이, 국적이나 종교 등 그 어떤 차이라도 그대로 받아들이면서 서로를 지지하고, 책임을 나누고, 보다 나은 미래에 대한 희망을 꾸려나가는 것이다. 노예

제도가 폐지될 때에도, 남아프리카공화국에서 그 극심한 인종차별을 넘어서서 넬슨 만델라Nelson Mandela가 대통령으로 당선될 때에도, 또는 초기 여성운동에서도 어김없이 작동한 것은 '동질성의 연대'가 아닌 '다름의 연대'였다.

연대는 거창한 것만이 아니다. 차별과 혐오로 힘들어하는 이들의 손을 잡아주고, 그들의 이야기에 귀 기울이고, 모임에 함께 나가는 것과 같은 작은 일도 연대다. '작은 변화가 큰 차이를 만든다'는 모토와 더불어 존재함이란 언제나 '함께-존재함'이라는 것을 우리는 항상 기억해야 한다.

혐오와 차별은 그 대상이 누구든 해로운 것이다. 피해자의 삶을 파괴할 뿐만 아니라, 가해자의 삶도 서서히 파괴한다. 인간다운 삶을 위해, 보다 평등하고 정의로운 사회를 만들어가는 일에 작은 힘이라도 보태는 것이 중요하다. 여성·성소수자·트랜스·난민·장애인 혐오 등 다층적 혐오에 대한 저항에 연대하자. 연대는 개인이 만들 수 없는 변화를 가능하게 한다.

넷째, 나 자신의 인식론적 사각지대를 마주할 수 있는 성찰적 용기를 키우자. 우리는 저마다 인식론적 사각지대를 지니고 있다. 삶의 정황에 따라서 어떤 문제에는 예민성을 가지고 있지만, 다른 문제에 대해서는 예민성을 가지기 어려운 조건에서 살고 있기 때문이다. 한 가지 문제에 대한 지식과 예민성이 있다고 해서, 다른 종류의 문제에도 유사한 지식이나 민감성이 자동적으로 생기는 것은 아니다. 이럴 때 우리는 비판적 자기 성찰을 통해서 타자만이 아니라, 자신에 내재한 편견과 차별 의식을 인식해야 한다. 이러한 맥락에서 보자면, 이른바 '진보' 또는 '보수'라는 표지는 간혹 필요한 정황이 있음에도 불구하고, 그 한계와 위험성이 있다. 예를 들어 A는 정치적으로 현상유지가 아닌 새로운 사회를 향한 변혁을 모색한다는 점에서 '진보'라는 범주에 들어갈 수 있다. 그런데 그는 젠더 문제에서 '보수'일 수 있다. B라는 사람은 인종차별 문제와 그에 따른 인종적 사회정의 문제에 매우 적극적인 운동을 해왔다는 점에서 진보적이다. 그런데 그는 성소수자 문제에 대해서는 보수적일 수 있다. 젠더나 인종 문제에는 진보적인데, 성소수자 문제에는 보수적인 사람들도 곳곳에 있다. 실제로 나는 강의실에서 이런 학생들을 종종 만나곤 한다. 인간은 자신의 삶 안에서 인식 세계를 형성하면서 살아가기에, 그 인식 세계는 매우 제한적이다. 지속적인 비판적 성찰이 요청되는 이유다.

성차별, 인종차별, 계층차별, 성소수자차별, 장애차별, 나이차별, 외모차별, 난민차별 등 현대사회에 만연해 있는 다양한 형태의 차별은 '지배의 논리'에 의해 작동된다. 표면적으로는 서로 관련이 없는 것 같지만, 내면적으로는 '우월-열등'의 이분법적 논리로 '지배-종속'의 관점을 작동시킨다는 점에서 인식론적 연관성을 지닌다. 사회가 복합화될수록 차별과 혐오는 새로운 얼굴로 나타난다. 따라서 우리에게는 여러 얼굴의 혐오와 차별에 대한 인식 확장이 필요하다.

인식의 사각지대는 누구에게나 은닉되어 있다. 이를 인지하는 것에는 용기가 필요하다. 자신이 인식하지 못한 어떤 것이 있다는 것을 인정하는 것은 쉽지 않다. 성찰한 후에는 그 성찰의 결과를 인정하고 바꿀 수 있는 용기가 필요하다. 이것은 자동적으로 되지 않는다. 다양한 차별에 대한 지속적인 학습, 자신의 인식에 한계와 오류가 있음을 인정하는 인식론적 겸허성, 그리고 새로운 이론과 현장을 연계시키는 지속적인 연습이 필요하다.

다섯째, 혐오를 조장하고 여성을 성적 대상화하는 것들잡지·비디오·영화·음악·행위 등에 '페미니스트 보이콧'을 하자.

이익의 극대화가 최고의 가치인 자본주의 사회에서 보이콧은 경제적 효과만을 지니지 않는다. 개인적 감정 때문이 아니라, 정의와 평등이라는 윤리적 가치판단에 의해 어떤 특정한 것들을 보이콧할 경우, 그것은 사회정치적·도덕적 저항의 의미를 지닌다. 예를 들어 '윤리적 소비자'Ethical Consumer라는 이름의 웹사이트에서는 인권이나 생태적 관점에서 문제가 되는 기업이나 상품 등에 관한 리스트를 만들어 보이콧을 적극 권하고 있다.* 이러한 윤리적 보이콧과 마찬가지로 '페미니스트 보이콧'이 필요하다.

'페미니스트 보이콧'이란 우선적으로 여성을 열등한 존재

---

* https://www.ethicalconsumer.org/ethicalcampaigns/boycotts.

로 재현하고, 오직 성적 대상으로만 투사하는 상품들 즉, 영화, 음악, 잡지 또는 기업에 대해 적극적으로 보이콧하는 것이다. 이러한 페미니스트 보이콧을 통해서 성차별과 여성혐오에 대한 사회적 의식을 확장할 수 있는 의식개혁과 사회변혁의 계기를 마련할수 있다. 페미니스트 보이콧은 성차별의 문제에만 한정되지 않는다. 다른 종류의 혐오와 차별에 대해서도 저항하고, 차별과 혐오의 다층적 차원을 인지하는 포괄적인 보이콧의 의미를 지닌다.

남자다움이 '성매매' 경험에서 시작된다고 보는 많은 남성들이 있다. 그들은 선후배, 직장 상사, 또는 군대 친구끼리 한 '집단'을 형성하면서, 여성을 성적 도구로 매매하는 일에 가담한다. 성매매의 공동 경험을 위해 '형제들'이 되어 집단으로 사창가, 노래방, 룸살롱에 몰려간다. 혼자서 성매매를 하는 것은 죄책감과 자괴감을 주지만, 집단으로 함께하면 성매매는 남자다움을 강화하기 위한 예식으로, 하나의 흥분되는 축제와 같은 사건으로 전이된다. 이후 '형제애'는 더욱 돈독해진다.

2016년에 만들어진 '성매매 안 하는 남자들'이라는 모임이 있다.* 이렇게 성매매를 보이콧하는 남성들이 점점 늘어간다면, 어떻게 될까. 그들은 다른 남성들로부터 '왕따'를 당하며 그 집단

---

* 「성매매 안 하는 남자들」, 『서울신문』, 2019년 9월 2일자(https://www.hankookilbo.com/News/Read/201909021656749301); 수요자 포럼 지음, 『성매매 안 하는 남자들: 남자의 눈으로 본 남성문화』, 호랑이출판사, 2018; 「남성들, 한국남성의 문제적 섹슈얼리티를 말하다」, 『여성신문』, 2018년 12월 4일자 (http://www.womennews.co.kr/news/articleView.html?idxno=182755).

에서 배제되는 '불이익'을 감당해야 하는 정황에 들어설 수도 있다. 그러나 이들의 저항은 성차별에 대한 저항만이 아니라, 자신의 인간됨과 여성의 인간됨을 확보하고 지켜내는 참으로 중요한 저항이다. 그러므로 '페미니스트 보이콧'은 여성뿐만 아니라, 남성과 함께 다양한 장에서 이루어져야 한다.

Key Ideas Box 24

평등사회를 향한 다섯 가지 과제

1. 침묵하지 말고 문제제기를 하자.
2. 혐오와 차별의 문제는 피해 당사자만이 아닌 '모두의 문제'라고 생각하자.
3. 다양한 양태의 차별과 혐오에 저항하는 운동에 연대하자.
4. 나 자신의 인식론적 사각지대를 보는 성찰적 용기를 키우자.
5. 혐오를 조장하고 여성을 성적 대상화하는 것들에 '페미니스트 보이콧'을 하자.

---

3 무엇이 변화되어야 하는가
이론과 실천의 변혁

억압과 차별의 교차성

'교차성'이라는 개념은 법조인이면서 법학대학원 교수인 킴벌리 크렌쇼Kimberlé Crenshaw가 만들었다. 흑인 여성인 크렌쇼는 1989년 '시카고 대학교 법 포럼'에서 발표한 「인종과 성의 교차를 탈주변화하는 것」이라는 발제문에서 아프리칸-아메리칸 여성의 억압문제를 다루면서 '교차성'이라는 개념을 소개했다. 1976년 '디그래펜레이드 대 제너럴 모터스'DeGraffenreid v. General Motors로 알려진 소송 사건이 있었다. 이것은 엠마 디그래펜레이드Emma DeGraffenreid를 포함한 흑인 여성들이 '제너럴 모터스'라는 자동차 회사가 백인 여성, 백인 남성, 흑인 남성은 채용하면서, 흑인 여성은 채용하지 않는다고 소송을 제기한 사건이다.

그런데 이들은 소송에서 패소한다. 패소의 이유는 제너럴 모터스의 채용정책에서 첫째, 여성백인 여성을 채용했기에 '성차별'을 하지 않았으며, 둘째, 흑인흑인 남성을 채용했기에 '인종차별'이 아니라는 두 가지 이유였다. 이 판결의 문제점은 성sex과 인종race을 별개의 범주로 다루었다는 것이다. 즉 '흑인-여성'을 두 개의 범주로 나누면서 인종과 성이 별개로 존재하지 않고 '교차'한다는 사실을 보지 못한 것이다. 이 판결의 한계를 지적하면서 크렌쇼는 '교차성'이라는 개념을 도입했다.*

1991년 크렌쇼는 '애니타 힐-클레런스 토마스'Anita-Hill v. Clarence Thomas 사건을 분석하면서, 또 한 번 '교차성' 개념을 강조했다. '힐-토마스' 사건은 흑인 여성 힐이 그 당시 미국 대법관 후보자로 청문회를 하던 흑인 남성 토마스가 자신을 성희롱했다며 대법관 임명을 반대한 사건이다. 그런데 힐은 백인 여성으로부터는 지지를 받았으나 흑인 여성으로부터는 비난을 받았다. 즉 백인 여성들은 힐이 '여성'이라는 점에서 힐을 지지했지만, 흑인 여성들은 같은 흑인인 토마스가 대법관의 자리에 오르는 것이 더 중요하다고 생각하여 힐을 비난했다. 힐은 흑인이자 여성이었지만 백인 여성들은 힐의 젠더적 정체성만을, 흑인 여성들은 힐의 인종적 정체성만을 선택하면서 다른 정체성은 보지 않은 것이다.

상황이 이렇게 되자 힐은 자신의 온전한 목소리를 내지 못하게 되었다. 백인과 흑인 그룹의 여성들이 인종과 젠더가 '교차'하는 것을 볼 수 있었다면, 힐은 양쪽 모두로부터 지지를 받음으로

---

* 보다 자세한 논의는 다음을 참고하라. Kimberle Crenshaw, "Mapping the Margins: Intersectionality, Identity Politics, and Violence against Women of Color," *Stanford Law Review*, vol. 43, no. 6, July, 1991, pp.1241-1299.

써 보다 긍정적인 결과를 낳았을 것이다.

그렇다면 이러한 교차성이라는 개념을 우리의 구체적인 현실에 어떻게 적용할 수 있는가. 교차성의 개념은 첫째, 페미니즘뿐 아니라 다층적 억압, 차별, 또는 배제의 문제를 조명할 때 단순한 접근이 아닌 매우 복합적인 접근을 해야 함을 상기시킨다. 한 개별인의 삶은 한 가지 요인에 의해 좌우되는 것이 아니라, 여러 가지 요인이 동시에 작동하기 때문이다. 따라서 어떠한 '정황'에서 차별이나 배제의 문제를 들여다보기 위해서는 여러 가지 측면의 복합적인 조명이 필요하다. 예를 들어 상류층 여성이 가난한 남성을 억압하고 차별하는 경우에는 젠더가 아닌 계층 문제가 우선적인 분석의 틀로 작동해야 한다. 그렇다고 해서 그 남성을 '절대적 피해자'로 고정시켜서는 안 된다. 그 남성은 젠더적 정황에서 가해자일 수도 있기 때문이다.

둘째, 한 개인이 지닌 '인식론적 사각지대'의 가능성을 인식하게 한다. 누구나가 지닐 수 있는 인식론적 사각지대에 대한 인식은, 인식론적 겸허성과 자기 비판적 성찰이 늘 요청된다는 점을 상기시킨다. 예를 들어 성소수자인 백인 남성의 경우, 그는 자신이 성소수자임을 내세우며 '절대적 희생자'의 위치성만을 강조하고, 남성이자 백인으로서 젠더와 인종의 범주에서 이미 권력과 특권을 누리고 있음을 보지 못할 수도 있다. 또한 장애인의 경우 '장애'라는 범주만으로는 구체적인 정황에서의 차별 문제가 모두 드러나지 않는다. 남성 장애인과 여성 장애인, 상류층 장애인과 가난한 장애인의 차별 경험은 특정 부분에서 매우 다를 수도 있다. 이렇듯 교차성의 개념은 특정한 정황에서 어떻게 젠더·인종·계층·나이·장애 여부 등이 교차하면서 피해자와 가해자가 뒤바뀔 수 있는지를 보게 한다.

Key Ideas Box 25

억압과 차별의 교차성

1. '교차성'intersectionality이라는 개념은 1989년 흑인 여성인 법학교수 크렌쇼Kimberlé Crenshaw가 만들었다.
2. 교차성은 젠더·인종·계층·성적 지향·장애 등 한 사람을 구성하는 다양한 요소들이, 차별과 혐오의 정황마다 서로 연결되어 있음을 강조하기 위한 개념이다.
3. 교차성은 페미니즘이 '젠더' 하나만을 분석의 도구로 삼았을 때 이론적이고 실천적인 한계가 드러난다는 점을 상기시키는 개념이다.

이론과 실천의 변혁

페미니즘은 이론과 실천이라는 두 축 사이를 지속적으로 오가는 복합적인 이론이며 실천이다. 나는 이론과 실천은 완전히 다른 축이 아닌 나선형적 관계 속에 있다고 본다. 무엇이 실천이며, 무엇이 이론인가는 결코 자명하지 않다. 예를 들어서 내가 학생들과 만나는 강의실은 이론의 공간인가 또는 실천의 공간인가. 무엇이 '실천'을 구성하는가. 실천과 이론은 어디에서 시작되고 끝나는가.

사람들은 냉장고 문을 열고 음식을 집어넣는 행위를 '실천적 행위'라고 한다. 이론과 실천을 따로 여기는 시각은 마치 냉장고를 '사용하는 것실천'과 '만드는 것이론'을 전혀 관련 없는 행위로 보는 것과 같다. 냉장고가 정상적으로 작동할 때는 문제가 되지 않지만 고장이 났을 때에는 냉장고가 '어떻게' 만들어졌으며, '왜' 문제가 생겼고, '무엇'을 고쳐야 하는지를 알아내야 한다. 이것이 바로 '이론'의 역할이다. 냉장고를 사용하는 사람이 인식하든 하지 못하든, 냉장고라는 작은 기구에도 이미 이론과 실천이 이렇게 얽히고설켜 있다. 우리가 사는 현실 세계도 마찬가지다. 눈에 보이는 세계는 빙산의 일각일 뿐 나머지 세계에 접근하려면 다층적 시각에서 이론적 조명이 필요하다.

그뿐만이 아니다. 실천적 운동에 개입하고자 하는 사람은 누구든 다음과 같은 물음과 대면하는 과정을 거치게 된다. 나는 어떤 존재인가. 나와 함께 살아가는 가까운 타자 또는 먼 타자는 누구인가. 나는 왜 나만의 문제뿐만 아니라 타자의 문제에도 관심을 가져야 하는가. 이 현실세계에서 무엇이 문제인가. 그 문제들을 변화시키기 위해 저항한다는 것은 도대체 무엇인가. 이러한 질문과 대면하고 씨름할 때 인식하든 인식하지 못하든 우리는 이미 '이론'의 영역에 들어선다.

'좋은 이론은 좋은 실천'이라는 나의 말은 이론과 실천의 위계적 순위를 표현한 것이 아니다. '좋은 이론'에 접하게 될 때, 포괄적인 의미의 실천은 이미 시작된다는 뜻이다. '좋은 이론'은 실천에 개입하는 나와 타자 그리고 사회에 대한 복합적인 관점을 가지게 하고 새로운 차원으로 인식의 문을 열어준다. 내가 나를 보는 시선, 타자를 보는 시선, 그리고 사회를 보는 시선이 바뀌게 된다. 그때 이미 실천이 시작되는 것이다.

이러한 맥락에서 보자면 이론과 실천으로서의 페미니즘은 크게 두 가지 의미를 지닌다. 첫째, 차별과 혐오에 대한 저항 담론이며 운동이다. 둘째, 보다 정의롭고 평등한 사회를 만들어가기 위한 변혁 담론이며 운동이다. 페미니즘이 차별과 혐오에 저항하고, 보다 평등하고 정의로운 새로운 사회를 위한 변화를 모색하는 담론이며 실천이라고 규정한다면, 구체적으로 무엇이 변화되어야 하는가. 변화는 추상적인 개념이 아니라, 매우 구체적인 의미를 지녀야 하기 때문에 변화의 내용을 좀더 자세히 조명해보자. 우선 변화되어야 하는 것에는 두 가지 차원이 있다.

첫째, 객관적 변화다. 객관적 변화는 보이는 변화다. 운동과 이론으로서의 페미니즘은 초기부터 눈에 보이는 법과 제도의 변혁을 위해 일해왔다. 여성의 법적 재산권, 교육기회의 평등권, 여성 목회자의 목사 안수권 등 눈에 보이는 법이나 제도들은 이러한 변혁적 이론과 실천운동을 통해 변화되어왔다. 여전히 산재한 문제들이 많다. 여성은 물론 장애인이나 성소수자에 대한 여러 가지 차별적 법과 제도를 변화시키는 일은 지속적인 객관적 변화의 차원이다. 그런데 이러한 객관적 차원의 변화는 충분조건인가. 아니다. 법적 평등의 제도화가 현실세계의 평등을 자동적으로 보장해주지 않는다.

둘째, 주관적 변화다. 주관적 변화는 보이지 않는다. 사회적 구성원 한 사람 한 사람의 의식, 가치관, 관점 등은 눈에 보이지 않지만 진정한 변화의 핵심이다. 그렇다면 주관적 변화는 어떻게 일어나는가. 개인 또는 공동 학습, 토론, 자기 성찰 등 부단한 작업을 통해서 아주 조금씩 가능하다. 개인과 집단의 가치관과 의식 세계가 바뀌어야 객관적 변화로도 이어지고, 거꾸로 객관적 변화가 실질적 변화로도 이어진다. 예를 들어 여성의 목사 안수가 제도적으로 허용된 교회들이 있다. 그런데 여전히 여성 목회자가 구체적인 현장에서 전문가로서의 역량을 발휘하기는 힘든 현실이다. 교회에 몸담은 사람들의 의식이나 가치관은 그대로 가부장제적이고 성차별적으로 남아 있기 때문이다.

이러한 경우는 도처에서 볼 수 있다. 이른바 '유리 천장' 현상은 이러한 정황을 잘 보여준다. 객관적 변화가 구체적인 변화로 이어지기 위해서는 주관적 변화가 반드시 동반되어야 한다. 객관적 변화와 주관적 변화가 있어야 비로소 진정한 변화의 충분조건이 구성된다.

페미니즘의 도착점, '모두'가 인간인 세계를 향하여

에필로그

인간을 인간이게 하는 것은 무엇일까. 다양한 분석들이 가능하겠지만, 나는 '자유와 평등에의 갈망'을 지닌 존재라는 점이 인간됨을 구성하는 중요한 요소라고 본다. 다양한 변혁 운동은 바로 인간의 자유와 평등에의 갈망을 구체적인 사회정치적 장에서 확장하고자 하는 목표를 지닌 것이기도 하다. 페미니즘은 모든 개별인들이 그 어떤 근거에 의해서도 차별이나 배제받지 않고 인간으로서의 존엄성이 존중받고 보장되는 세계를 꿈꾸는 변혁 운동이며 이론이다.

내가 개입하고 꿈꾸는 페미니즘의 정의는 "페미니즘은 젠더는 물론 인종·계층·장애·성적 지향 등에 상관없이 '모든' 사람들이 인간이라는 급진적 사상"이다. 페미니즘이 무엇이어야 하는가에 대해서는 구체적인 정황에서 지속적으로 그 개입의 확장이 요청된다. 페미니즘은 멀리에서 시작되고 전개되는 추상적인 이론이 아니다. 페미니즘은 지금 여기의 '나'에서 출발하면서 타자의 세계로 확장하는 '개별성의 윤리'ethics of singularity에 그 토대를 두고 전개되어야 한다. '인류 보편'이라는 추상적 개념에서 출발하는 것이 아니라, 한 사람의 개별적인 '얼굴'에서 출발해야 하는 운동이며 이론이어야 한다.

폴 셀란Paul Celan의 「거리의 찬양」In Praise of Distance이라는 제목의 시에는, "내가 나일 때, 나는 너다"Ich bin du, wenn ich ich bin/ I am you, when I am I라는 구절이 있다. 이 구절은 운동과 이론으로서의 페미니즘이 인지해야 하는 두 가지 중요한 사실을 담고 있다고 나는 본다. 우선 '나'의 구성이란 '너'를 배제하고서는 불가능하다는 인간의 상호연관성, 그리고 동시에 너와 나의 상호관계성이란 오직 진정한 '나'의 주체적 자리가 확보되고 존중되어야 비로소 작동한다는 것이다. 공동체의 이름으로 개체성이 함몰된다든지, 또는 개체성의 이름으로 공동체성이 배제되는 것을 정당화해서는 안 된다. '나의 개체성'과 '너와의 공동체성'은 분리불가의 관계 속에 있으며, 이 모든 관계망의 출발점은 오로지 '내가 나일 수 있을 때'이다.

그런데 '내가 나일 때'when I am I란 과연 무엇인가. 그곳은 어떤 내적 또는 외적 요인들에 의해서 '나'의 자유와 평등 그리고 이 삶에 대한 갖가지 갈망이 존중되고 확보되는 것을 의미하는 것이라고 나는 본다. 진정한 '고향'이란 '내가 나'인 것이 가능한 공간이며 가능한 상태다. 이 점에서 보자면 페미니즘은 '정죄의 이론/운동'이 아니며, 그렇게 되어서도 안 된다. 페미니즘은 자유와 평등의 원을 확장하기 위해 서로를 설득하고자 하는 '비판적 설득의 담론이며 변혁적 운동'이 되어야 한다.

　'페미니즘'이 무엇인가를 총체적으로 완전한 형태로 설명하는 것은 불가능하다. 누군가 그러한 총체적 설명의 시도를 한다면 그것은 위험하다. 근대 담론이 지향하던 '거대 담론'grand narratives이 야기한 다층적인 인식적 폭력의 오류를 범하게 된다. 포스트모던 페미니즘의 중요한 경고다. 이러한 맥락에서 보자면, 페미니즘에 대한 여타의 언설들은 다음과 같은 세 가지 중요한 측면을 인지하면서 이루어져야 한다. 첫째, 페미니즘이 제시하는 문제와 주제들은 언제나 전체적인 문제들의 한 부분이라는 점이다. 둘째, 페미니즘은 지속적으로 변화하는 담론이며 운동이라는 점에서 고정될 수 없고, 고정되어서도 안 되는 '현재 진행형 프로젝트'다. 그리고 셋째, 페미니즘의 출발점은 '여성의 경험'이지만, 다양한 정황에서 보편적으로 적용 가능한 '절대적 여성 경험'이란 존재하지 않기에 언제나 정황의 특정성contextual specificity에 개입해야 한다.

　'페미니즘'이라는 말은 단지 '이론'만이 아니라, 언제나 '실천'적 구조와 연결되어 있다. 칸트의 "실천 없는 이론은 공허하고, 이론 없는 실천은 맹목적"이라는 말은 페미니즘만이 아니라 우리 삶에 모두 적용되어야 한다. 이론으로서의 페미니즘들이 우선적으로 해온 일들을 살펴보면 크게 다음과 같다. 첫째, 여성에 대한 전통적인 부정적 이해를 비판하고 그것의 문제점들을 짚어낸다. 둘째, 여성에 대한 부정적인 이해로 점철된 과거를 회복시키는 작업을 한다. 셋째, 여성에 대한 부정적인 이해를 넘어서서 한 인간으로서의 여성의 모습을 구성하는 작업을 한다. 넷째, '여성' 사이의 다양성을 다층적으로 재현하는 작업을 한다. 생물학적인 성별에 의한 존재이기만 한 것이 아니라, 성적 지향·나이·인종·계층·국적 등 다양한 요소들에 의하여 각기 다른 삶을 살아간다. 여성이라는 같은 범주에 속한다고 해서, 모든 여성이 동질적 삶을 사는 것은 아니라는 것이다. 페미니즘이 우선적으로 관심을 둔 이러한 네 가지 일들은 이 세계의 다양한 정황들에서 다층적으로 전개되어 왔고, 그 개입과 주제의 폭을 넓히면서 더욱 확장되고 있다.

'페미니즘'은 단수가 아닌 '페미니즘들'이라는 복수로 이해해야 한다. 왜냐하면 페미니즘이 무엇인가에 대한 일치된 정의는 없기 때문이다. 따라서 페미니스트들은 하나의 문제에 대해 서로 매우 상이한 입장을 가지기도 하고 그 상이성 때문에 갈등을 드러내기도 한다. 모든 페미니스트가 동의하는 '페미니즘'과 '페미니스트'에 대한 합의된 개념규정이 없다는 것은 '대변의 정치학' politics of representation의 중요성을 상기시킨다. 과연 '누가' 페미니즘을 '대변'할 수 있으며, 그리고 '페미니스트'라는 정당성을 부여받을 수 있는가. 이러한 물음은 가부장제 사회에서 그 사회를 누가 '대변'해왔으며, 대변할 수 있는가. '대변의 정치학'이란 '페미니즘' 자체도 그 대변성에 대한 정당성 부여와 권력의 문제가 분리될 수 없다는 것을 전제로 한다. 이러한 물음들에 대한 답은 구체적인 정황에 따라서 새롭게 모색되고 재규정되어야 하며, 우리 각자가 지속적으로 사유하고 성찰해야 할 물음들이다.

이 책에서 내가 다루는 페미니즘은 '강남순의 페미니즘'이다. 즉, 나 강남순이 지니고 있는 분석적 틀과 해석적인 렌즈를 가지고 페미니즘을 이해하고, 해석하고, 의미와 중요성을 구성한 것이다. 그렇기에 나는 내가 보는 페미니즘에 누구나가 다 동의할 것이라고 기대하지 않는다. 또한 누구나 모두 '강남순의 페미니즘'에 동의할 필요도 없다.

사물에 대한 명증성clarity을 지닌 이해가 가능하다고 믿었던 근대 인식론에 대한 집착에서 벗어나서, 해석학의 의미를 강조하는 포스트모던 사유의 문을 연 프리드리히 니체 Friedrich Wilhelm Nietzsche의 유명한 말, "사실이란 없다, 다만 해석만이 있을 뿐이다"there are no facts, only interpretations라는 선언을 나는 중요하게 생각한다. 페미니즘이 무엇인가에 대한 우리의 진술은 다양한 '해석들'에 의해서 그 다양한 층들이 드러나는 것이다.

상이한 해석들 사이에서 과연 '나'는 무엇을 보고 들을 것인지는 '페미니즘 앞에 선 그대'들에게 주어진 몫이다. 페미니즘을 알기 위해 여러 이론가들이나 운동가들의 책을 읽고, 강연을 듣고, 대화하는 것은 중요하다. 그러나 보다 중요한 과제는 그런 과정을 통해 '나'는 페미니즘을 어떻게 규정할 것이며, 페미니즘이라는 '연장'을 가지고 무엇을 할 것인가를 생각하고 구성하는 과정이다. 그때 비로소 페미니즘과의 진정한 조우가 가능하게 되며, 페미니즘을 통해서 나, 타자, 세계를 바라보는 새로운 렌즈를 가지게 될 것이다.

이제 우리 모두 기억해야 할 것이 있다. 첫째, 그 누구도, 하다못해 페미니즘에 대한 책을 쓰고 가르치는 사람이라도, 페미니즘을 '통달'할 수 없다. 페미니즘 책을 여러 권 읽었다고 해서, 또는 페미니즘을 오랫동안 연구했다고 해서, 페미니즘이라는 이론과 실천의 복합적인 층들을 '통달하는 전문가'라고 할 수 없다. 페미니즘은 지속적으로 호기심을 가지고 조금씩 알아가야 하는 살아 있는 생물체와 같다. 왜냐하면, '페미니즘'이 다루는 세계는 인간이 이루어놓은 이 세계 모든 문제들과 연결되어 있으며, 그 세계의 정황들은 지속적으로 변화하기 때문이다. 페미니즘은 정치·종교·경제·과학·의학·교육·문화·예술·체육·몸과 정신·섹슈얼리티·인종·나이·외모 등 일일이 열거할 수 없는 모든 거시 분야와 미시 분야들과 연결되어 있다. 그 누구도 페미니즘의 '총체적 전문가'라는 고정된 위치성을 주장할 수 없다는 것이다.

둘째, 이론과 운동으로서의 페미니즘은 완결된 것이 아니라, 언제나 '현재 진행형'이다. 이 점에서, '페미니즘과의 조우'는 종결되지 않아야 한다. 언제나 페미니즘을 '좀더'more and more 알고자 하는 호기심을 지속적으로 작동시키면서, 페미니즘이 지닌 수천의 결들을 조금씩 알아가기 위해 어쩌면 우리 각자는 언제나 "페미니즘 앞에 선 그대"의 자리에서 페미니즘을 공부하고, 확산하고, 다른 이들을 설득하고, 다양한 소수자들과 연대하면서 자유와 평등 세계를 확장해야 할 것이다.

　나는 이 책과 조우한 독자들 한 사람 한 사람이 이 책을 읽은 후, 다음의 인식 세계에 도달하게 되기를 바란다. 남성만이 아니라, '여성도 인간'이라는 페미니즘의 주장을 진정으로 믿는다면, 그 '여성'의 자리에 다양한 모습의 사람들을 넣을 수 있어야 한다는 인식 세계다. 여성만이 아니라 남성, 트랜스젠더, 장애인, 게이, 레즈비언 등 다양한 모습의 성소수자들은 물론 난민 등 우리 사회의 주변부에 있는 이들 '모두가 인간'이라는 인식을 체현하게 되기를 바란다. 페미니즘에서 성차별의 문제는 오직 출발점이다. 진정한 페미니즘의 궁극적 도착 지점은 여성만이 아니라 '모든 인간'의 인간됨을 위해 개입하고 연대하는 코즈모폴리턴 페미니즘이어야 한다.

　"페미니즘 앞에 선 그대"의 인식 세계에서, 그대가 현재 도착해 있는 지점은 어디인가. '모든' 인간의 자유와 평등의 확장을 위해 '함께 그리고 따로따로' 씨름하고, 성찰하고, 개입하고, 연대하는 자리에 서게 되는 것, 이것이 이 책을 통해서 꿈꾸는 나의 '낮꿈'daydream이다.

찾아보기

페미니즘
앞에 선
그대에게

**21세기 페미니즘에 대한
7가지 질문**

지은이 강남순
펴낸이 김언호

펴낸곳 (주)도서출판 한길사
등록 1976년 12월 24일 제74호
주소 10881 경기도 파주시 광인사길 37
홈페이지 www.hangilsa.co.kr
전자우편 hangilsa@hangilsa.co.kr
전화 031-955-2000-3 **팩스** 031-955-2005

부사장 박관순 **총괄이사** 김서영 **관리이사** 곽명호
영업이사 이경호 **경영이사** 김관영 **편집주간** 백은숙
편집 박희진 노유연 최현경 이한민 김영길
마케팅 정아린 **관리** 이주환 문주상 이희문 원선아 이진아
디자인 창포 031-955-2097
인쇄 제본 예림

제1판 제1쇄 2020년 2월 20일
제1판 제4쇄 2022년 9월 26일

값 17,000원
ISBN 978-89-356-6337-8 03100